〝社風〟の正体

植村修一

日経プレミアシリーズ

「優れた組織の文化は、個人の卓越性を完全に発揮させる。卓越性を見出したならば、それを認め、助け、報いる。そして、他の人間の仕事に貢献するよう導く」
「したがって優れた文化は、人の強み、すなわち、できないことではなく、できることに焦点を合わせる」

ピーター・ドラッカー

はじめに

今、日本の企業文化が問われています。

不祥事のたびに聞かれる「社風」とか「風土」、それはまた、最近の経営環境の変化に追いつけない企業の「金属疲労」とも重なります。

「経営環境の変化」とはいつの時代でもいわれてきました。かつての日本でも、オイルショック、変動相場制への移行と円高、バブルの生成と崩壊、冷戦の終結とグローバリゼーション、ＩＴ化の進展等々、数年おきに環境変化を示す新たなテーマが話題となりました。しかし、今起きつつあることは、これまでになくおおがかりのものである可能性があります。

「第四次産業革命」とか「デジタル革命」と呼ばれる、ビッグデータや人工知能、ＩｏＴなどが必然的にもたらす「進化」は、個々の企業の盛衰を超えて、業種や産業、さらには職業のあり方にも大きな影響をもたらします。その中で企業が生き残るためには何が必要でしょうか。

この点、新しい技術を身につけるための工学的な知識やセンスはもちろんですが、それを活かすための「ソフトパワー」も必要だと考えます。過去の環境変化に対応するために求められた革新と違うのは、これまでになく人間の頭脳の領域に入り込む「深化」が、最近のイノベーションの特徴だからです。

そして、ソフトパワーとして、あらためて企業文化に着目する必要性があります。グーグルやアマゾンといった新しい巨人たちの企業文化が、在来型の巨人や日本企業の文化と大きく異なることは、容易に想像できます。参考にすべきところが必ずあるでしょう。

また、第四次産業革命のもとで、単にヒト、モノ、カネが自由に行き来するという意味でのグローバリゼーションを超えた、「スーパー・グローバリゼーション」（リアル、バーチャルを問わず企業にとっての活動領域・空間が完全一体化する世界）が進むにつれ、逆説的ですが、国民性や民族文化の違いをより意識する必要が出てくるかもしれません。それは、企業文化とも深く関係します。

もとより、高齢化・人口減少社会となった日本では、従来と同じ働き方が通用しなくなり、そこでも文化が絡んできます。

本書は、先行研究や具体的事例（含む筆者の日本銀行での経験）をもとに、「企業文化とは何か」というテーマに迫ろうとする、大胆な試みです。単にその正体を明らかにするだけでなく、この大変革期（事後的にみれば、21世紀前半は、多くの企業や業種にとっての「大絶滅期」と称されることになるかもしれません）に生存する上で必要とされるソフトパワーが何であるかについて、読者自身の考察を後押しするのが目的です。

企業文化をソフトパワーに変えるためには、まず、「文化とは変わらないもの」という固定観念を捨てる必要があります。その上で、自社の文化を把握し、必要に応じてそれを変える、あるいは、将来に向けての文化を創り出す用意をしてください。そのために、企業文化をアルゴリズムとして捉えるという、やや突拍子のないことを提案します。

内容は、企業文化と成長やイノベーション、国際化との関係、不祥事の背景にある文化、クラウドやAIが及ぼす影響、地域や金融業の特性など、もっぱら企業経営に関するものですが、コラムとして、財閥や大名の家風、米国軍隊、官僚文化など、文化を考える上で役に立ちそうなテーマを複数取り上げています。

ちなみに、「社風」と「企業文化」という2つの言葉については、それぞれ「人間関係をベースにした組織の雰囲気」だとか、「業績を上げるためのルールや仕組み」といった定義をする人がいます。

「社風と企業文化は、どう違うのか？」という疑問そのものもテーマになり得ますが、説明をわかりやすくするため、本書では「企業文化」を幅広くとらえ、両者を含む概念として取り上げます。

執筆中、韓国で平昌（ピョンチャン）冬季オリンピックが開催されました。２０１２年のロンドンオリンピック競泳男子４００ｍメドレーリレーにおける松田丈志選手の言葉を借りれば、読者を「手ぶらで帰らせるわけにはいかない」（あのときは、北島康介選手に向けた言葉）、そういう思いで執筆しました。

目次

第2章　成長する企業は、何が違うのか……47

第　1　章

御社には、
どんな「文化」がありますか？

どの会社にも「社風」や「文化」はある

「あなたの会社（あるいは組織）にはどんな社風や文化がありますか」と聞くと、「いえ、ありません」との答えはまず返ってきません。

「家族的雰囲気。未だに社員旅行や運動会がある」「お客様は神様です」「男性中心」「管理職は、未だに24時間働けますかの企業戦士」「売上げ至上主義」「他社へのライバル心が強烈」「社長ファースト」「全員上を向いて仕事するヒラメ文化」「創業家への忠誠心が試される」……。

さらには、「理系的思考」「文系的思考」「官僚主義」「事なかれ主義」「とにかく忖度」「社員の能力アップに気を遣ってくれる」「会議が多く、しかも長い」「文書作成で上司がやたら推敲を重ねる」「発想が若い」「エネルギッシュ」「上司より部下が目立つ下克上、応仁の乱」「環境重視が徹底」「社会的奉仕活動が奨励される」「お土産文化」「義理チョコ文化」「不倫はご法度……のはずだが」「スポーツ好き」「野球以外、職場の話題がない」「派遣社員やバイトにやさしい」

などなど、必ずあるはずです。コメントを集めると、企業版「あるある大事典」が完成します（なお、かつてこれに似たタイトルの人気番組がありましたが、データ捏造問題を機に放送が打ち切られました）。腸内細菌同様、社風や企業文化には、「善玉菌」と「悪玉菌」がいるようです。

どこにでもあるということは、逆にいえば、社風や企業文化が企業経営にとって重要な要素であることを意味しており、あのピーター・ドラッカーも、「文化」やこれに順ずる価値基準などを重視します（例えば、『ドラッカー名著集2　現代の経営』ダイヤモンド社）。

しかし、そもそも「文化」を定義づけることは難しく、企業についても、「企業風土（社風）」と企業文化は、渾然一体となって使われます。

経営学や社会学で扱う場合には、企業文化をもう少し明確化かつ有意義なものとし、例えば、この分野の研究で有名なマサチューセッツ工科大学のエドガー・シャインは、「グループが対外的課題をこなし、内部の人間関係に対処する中で獲得してきた、集団内で共有された暗黙の仮定」（筆者注・暗黙というのは、個々に指示されないという意味であり、目に見えないのとは異なります）と、やや難解に定義した上で、文化を3段階に分類します。

〈文化の3つのレベル〉
文物（人工物）……………目に見える組織構造および手順
標榜されている価値観………戦略、目標、哲学
背後に潜む基本的仮定………無意識に当たり前とされている信念、認識、思考および感情
（出所）シャイン『組織文化とリーダーシップ』（白桃書房）

一方、ヴァンダービルド大学のリチャード・ダフトは、文化とは、「組織のメンバーが共有し、新しいメンバーに正しいものとして教えられる一組の価値、ガイドライン的信念、理解のしかた、考え方のことである」と、シャインと同趣旨の理解を示した上で、よりシンプルに「目に見えるシンボル」と「基調となる価値」の2つに分類します（『組織の経営学』ダイヤモンド社）。

以下本書で取り上げる企業文化は、基本的にこれらのうちどれかに属するものですが、前述の質問への回答例にあるように、一般には、もっと漠然とした雰囲気、慣習、慣行などすべてをひっくるめて、自社の文化と考えられています。

この点、実は重要で、筆者は、こうした漠然としたもの、結果で出来上がっているに過ぎないものを「何となく文化」と呼んでいます。この「何となく文化」も、従業員のモチベーションや生産性に大きな影響を与えるものであり、経営上、これを放置せずに把握しておくことは、意味のあることだと思います。

いわば、腸内細菌と同様、文化には「善玉菌」（例えば、いわれなくても人を手伝う）もあれば、「悪玉菌」（例えば、いわれないと何もやらない）もあり、悪玉菌を減らし、善玉菌を増やせば、組織の活性化につながります。

できるだけ「何となく文化」を「見える化」し、その上で自社の企業文化はいかなるものか、いかにあるべきか、考えてみてください。

「経理は現場を知らない」……会社の〝サブカルチャー〟

サブカルチャーとは、ある社会における支配的、一般的な文化（メインカルチャー）に対する概念で、その社会に属するある集団に特徴的な文化のことです。1950年代から60年代にかけてのアメリカでの非行少年研究に始まり、その後70年代にかけての若者の反体制運動と絡めてこの言葉が用いられたため、当初、支配的文化と相容れない価値基準やライフスタイルを示すニュアンスがありましたが、今では、年齢、職業、地域など、属性が異なるさまざまな部分集団における文化的特徴を表す用語となっています。

ひとくちに企業文化といっても、現実にはそのもとで、職場や職種ごとに異なる規範や慣行、それらを総称する意味での文化（サブカルチャー）がみられ、「経理屋さんはいつもそういうけどねぇー、現場は違うんだよ」「こういうことは技術を知っている者にしかわからないんだ」「お客さんを相手にしているわれわれと、あそこは文化が違うからな」……といった会話や独り言がなされるのは日常茶飯事です。事業所が違えば会社が違う、といったぼやきもよく聞かれます。

もっとも、「どこの社員か」よりも「いかなるジョブか」が重視されるアメリカに比べれば、日本での企業内のサブカルチャーの違いは、大きくないと思われます。それは、雇用の入り口が、「就職」というより、実態は「就社」であるからです。

例えば、銀行員の場合、メガバンクで採用される一部の専門職（例えば、システムエンジニア）を除いて、大半は入行後のジョブ・ローテーション（正確には、所属先ローテーション）を通じて、基本的にゼネラリストとして育てられ、その中で、営業、審査、企画、人事、国際、システムといった主たる分野（畑とかいいます）が固まってきます（日本銀行も基本的に同じですが、発券や調査、考査といった、日本銀行らしい畑がありました）。

よく人材の流動性が日本は低く、日本経済全体の生産性を高めるためにも、流動化を促進する必要があるとの議論があります。純粋に考えれば、個人にとって、自身の意思で職場を変えられる余地が高まれば、幸福度の向上にもつながるため、一般論として反対するわけではありません。

しかし、事はそう簡単ではなく、新卒採用中心で、採用後の企業ごとの人的投資（その中でジョブ・ローテーションは重要な要素になります）により、その企業に合った人材（その意味でミクロ的には生産性が高いと思われている）を育成する日本型企業と、そこで働く人にとって、流動性を高めるということは、新卒採用から始まるシステム全体を、しかも社会全体で大胆に変えていく必要があり、これは教育界をも巻き込んだ話になります。一朝一夕にはいきません。

ちなみに、雇用の流動化促進を積極的に唱える論者には、大学教授やエコノミストなど、「その世界」での流動化に対応できる人や、すでに成功している人が多いように思いますが、偏見でしょうか。

談合も協調値上げも〝業界文化〟か

一方、社会全体からみれば、企業文化を超えるサブカルチャーがあります。いわゆる「業界」にかかる文化です。

経営学者のジェイ・バーニー（現ユタ大学）は、『企業戦略論』（ダイヤモンド社）の中で、業界構造によっては、完全競争ではなく協調関係をとることによってより大きな利益を獲得することができ、そうした戦略をとるケースがあること、協調とは具体的には談合であり、明示的な談合は違法であることが多いが、暗黙的な談合、すなわち他社の出すシグナル（たとえば、一方的な値上げ）からその意図を汲み取って、協調（たとえば、追随値上げ）がなされることがあるとしています。

この業界構造の中には、社会的構造も含まれており、暗黙裡に想定される他社への期待と規律に違反すれば、業界における標準的なお作法、すなわち「業界エチケット」の重大な違反とみなされます。バーニーはこの規律を、業界文化（industry culture）と表現としています。

たしかに、カルテルや入札談合事件で企業の名前が出てくる頻度は、業界によって差があります。今のところ、自動車業界がこの点で独占禁止法違反を問われたことは、私の知る限りありません。他方、建設業界を巡っては、２０００年代に入り、和歌山県発注のトンネル工事談合事件をはじめ、同種の事件が頻発したことを受けて、06年に独占禁止法が改正され、課徴金が引き上げられる一方、自ら関与した談合について自主的に申告した場合、課徴金が減免される「リーニエンシー制度」が導入されました。

この間、２００６年の改正独禁法施行直前の05年末には、大手ゼネコンによる「談合決別宣言」が出されています。しかし、その後談合がなくなることはなく、リーニエンシー制度は、名古屋市発注の地下鉄工事談合事件（07年）や、東日本大震災で被災した高速道路の復旧工事を巡る談合事件（16年）で適用されました。

さらに、２０１７年12月、リニア中央新幹線建設工事を巡るゼネコン大手４社（いわゆるスーパーゼネコン）による談合が明らかになり、建設業界における「古い体質」を問題視する声が相次ぎます。ちなみに、この事件では、大手４社のうち１社が、リーニエンシー制度の適用を求めて自主申告をしたといわれています。

やや古い話になりますが、07年５月に公正取引委員会から、「建設業におけるコンプライアンスの整備状況」と題するレポートが公表されました。建設会社のコンプライアンス体制に懸念を抱いた同委員会が、建設業者1700社を対象にアンケートを実施し、その結果を取りまとめたものです。

この中で、建設業界で入札談合が頻発している原因を質していますす（複数回答可）。もっとも多かったのが「業界の長年の慣行の存在」（66・9％）で、2位が「供給過多・需要縮小の業界構造」（54・2％）でした。ちなみに、3位は「発注制度の問題」（27・7％）です。

さらに資本金別に見ると、規模の大小にかかわらず業界慣行の存在が1位になっているのですが、最大区分の資本金50億円以上で業界慣行の存在を挙げたのは、45社中37社、82・2％と、業界全体の比率（66・9％）を大きく上回っています。

すなわち、規模の大きな建設会社を取りまく業界構造は、より明示的、もしくは暗黙的協調を生みやすいものとなっている可能性を示唆しており、これは、バーニーがいうところの「業界文化」なのでしょうか。

1980年代から盛んになった企業文化論

経営学やコンサルティングの分野で、かねてより企業文化は主要テーマのひとつでした。

とくに1980年代以降の米国では、それまでの計画主義的、管理主義的な戦略立案手法

（後に取り上げる、イゴール・アンゾフもそのひとり）への批判もあって、経営学者やコンサルタントの間で、企業文化をテーマとする啓蒙書が相次いで出版され、ベストセラーにもなりました。

マッキンゼー出身のトム・ピーターズとロバート・ウォーターマンによる『エクセレント・カンパニー』が世に出たのは１９８２年（原著）です。彼らは、徹底的な面談調査と文献調査をもとに、超優良企業の成功の秘訣を探りました。具体的には、定量的（財務データ）、定性的（名声や業界専門家の評価など）の両面から、超優良企業として62社を選びます。

調査の結果、超優良企業をもっとも特徴づける基本的特質は以下の８つとしました。

1　行動の重視
2　顧客に密着する
3　自主性と企業家精神
4　ひとを通じての生産性向上
5　価値観に基づく実践
6　基軸から離れない
7　単純な組織・小さな本社

8　厳しさと緩やかさの両面を同時に持つ

その一つひとつは、多くの事例で当該優良企業の特質として挙げられるものであり、今でも色褪せていないと思うのですが、選ばれた企業のうち没落したものが少なからずあることや、その後の時代環境の変化を踏まえ、今では、手法の限界を指摘する声が多く聞かれます。例えば、同じマッキンゼー出身の名和高司一橋大学教授は、著書『成長企業の法則』（ディスカヴァー・トゥエンティワン）の中で、「マッキンゼーの失敗」とまで評しますが、いかがなものでしょうか。

ほぼ同じ頃、ハーバード大学のテレンス・ディールとマッキンゼーのアラン・ケネディが、同じく有名な『シンボリック・マネジャー（原題はCorporate Cultures）』（現在は、岩波書店同時代ライブラリー）を出しました。彼らはマッキンゼーのコンサルタントに、各企業の「信念」に関するインタビューを行い、これを基に成功の秘密を分析しました（対象は約80社）。

結果は、「文化が強ければ強いほど、会社も強い」ということでした。そして、企業文化を決定する要素として、企業環境（これは、企業文化の形成に最大の影響を及ぼす）、理念（企業文化の中核）、英雄（企業文化を体現する社内モデル）、儀礼と儀式（社内の日常生活で体系的に、あるいは行事として行われる慣例）、文化のネットワーク（理念や英雄を伝えるインフォーマルな伝達機構）などが存在することを発見します。

さらに、彼らは、より多数の企業と企業環境を調査し、会社の活動にかかるリスクの程度と、会社および従業員が、その戦略や意思決定に成功したかどうかの結果が表れるスピードの２つの要素をもとに、企業文化を以下の４つに分類します。

「逞しくて（タフガイ）、男っぽい（マッチョな）文化」
「よく働き、よく遊ぶ文化」
「会社を賭ける文化」（＝高リスクで結果がなかなか表れない環境下の企業）
「手続きの文化」

当時のアメリカのにおいがする分類ですが、自社の文化をあえて特徴づけるとどのような文化になるか考え議論することは、自社の文化に関する共通認識を持つ上で有効です。

ちなみに、ずっと後に刊行された、前述したダフトの『組織の経営学』（ダイヤモンド社）では、①競争的環境が組織に対しどの程度の柔軟性あるいは安定性を要求するか、②戦略的な集中や強みがどの程度、内部的あるいは外部的なものであるか、という２つの軸をもとに、「適応能力／起業家的」「ミッション重視」「仲間的」「官僚主義的」の４つに企業文化を分類

環境および戦略と企業文化との関係

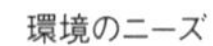

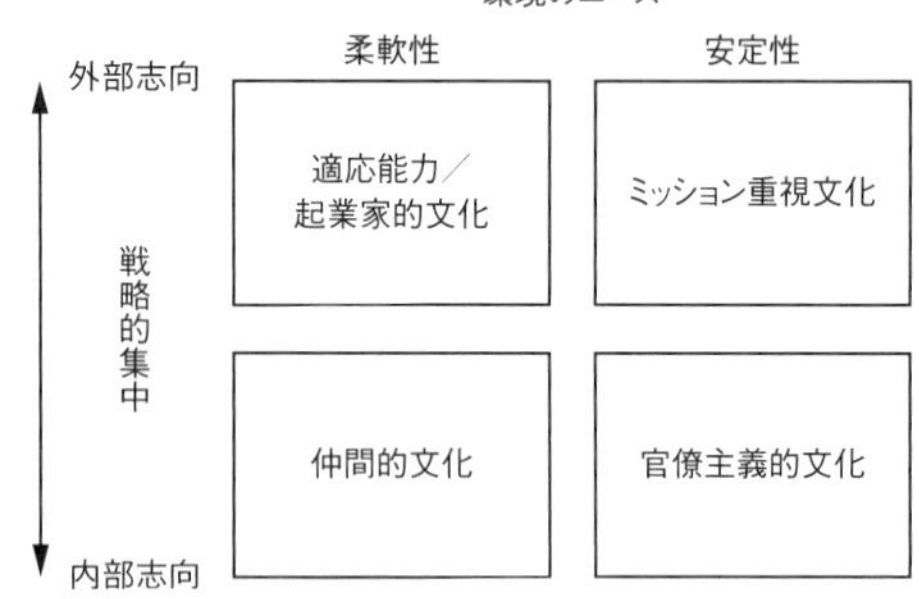

（出所）リチャード・ダフト『組織の経営学』（ダイヤモンド社）

します。

ビジョナリー・カンパニーも永続できない

１９８０年代の研究では、ほかに前述したシャインの『組織文化とリーダーシップ』などがありますが、90年代になってからのベストセラーが、マッキンゼー出身のビジネス研究者のジェームズ・コリンズとスタンフォード大学のジェリー・ポラスらによる、有名な『ビジョナリーカンパニー』（日経ＢＰ社）です。

ビジョナリーカンパニーとは、「ビジョンを持っている企業、未来志向の企業、先見的な企業であり、業界で卓越した企業、同業他社の間で尊敬を集め、大きなインパクトを業界に与え続けた企業」であり、７００社のＣＥＯへのアンケート調査をもとに、統計的なふるいをかけ18社を選びました。彼らは、設立時期や設立時の事業が似ていて、それなりに当時業績が良い比較対象企業を選び出し、それとの対比も加えて、ビジョナリーカンパニーが本質的に違う点を探りました。

調査の結果、ビジョナリーカンパニーになるには、「カリスマ的指導者」「緻密で複雑な戦略」「根本的な変化をもたらす外部からの人材」といった、一見優良企業にありそうな要素は必要でないということでした。そして、６年間に及ぶ調査の結果をたった１つの概念にまとめるならば、「基本理念を維持しながら、進歩を促す」ことだとしました。

具体的には、彼らが、ＢＨＡＧ（ビーハグと読む）と呼ぶ、社運を賭けた大胆な目標を掲げることを、ビジョナリーカンパニーの特徴として挙げました。ＢＨＡＧとは、Big Hairy Audacious Goals の略で、直訳すると、「とんでもなく大胆不敵な目標」です。それは、決して無謀ということではなく、ボーイングが、航空技術の最先端に位置するという基本理念のもと、リスクを積極的にとって、Ｂ７０７、Ｂ７２７、Ｂ７４７という画期的な航空機を次々に開発、民間航空機市場を開拓したように、自社の能力を高めることで、外部からは無謀とも見えるリスクを積極的にとっていくことだと述べています。

ちなみに、『エクセレント・カンパニー』と『ビジョナリーカンパニー』の双方に選ばれたIBMは、その後必ずしも順調に歩んでいるわけではなく（後述。ちなみにビジョナリーカンパニーに唯一選ばれた日本企業はソニー）、前者と同様、後者も批判にさらされることがありますが（名和教授によれば『ビジョナリーカンパニー』は「偉大な失敗作」）、成功した企業と失敗した企業双方の事例を、時代環境の変化とともに、丹念に調べること、それを自社の現状と重ね合わせることは、先行きを考える上でも重要なことです。

なお参考までにミシガン大学のキム・キャメロンとロバート・クインは、『組織文化を変える』（ファーストプレス、原著は2006年）で、企業文化を以下の4つに分類していきます。すべての企業がそれぞれの要素を持っていますが、濃淡には違いがあると考えられます。分類としてはわかりやすいと思います。

家族文化――人々が多くのものを共有する非常にフレンドリーな職場。組織内部の維持を重視する。

イノベーション文化――起業家精神にあふれるクリエイティブな職場。組織外でのポジショニングを重視する。

マーケット文化――イノベーション文化と同じく組織外でのポジショニングを重視するが、安定性と統制を重視する。

官僚文化——マーケット文化と同じく安定性と統制を重視するが、家族文化と同じく組織内部の維持を重視する。

戦略と企業文化との関係

かねてより企業戦略論には、業界の競争環境という、企業にとって外部の環境を重視し、その中で自らの立ち位置を考える、ハーバード・ビジネススクールのマイケル・ポーターらの考え方と、企業が有する内部の経営資源こそが競争優位の源泉であるとする、先に紹介したジェイ・バーニーらの考え方（RBV＝リソース・ベースト・ビュー）があるとされてきました。

バーニーによれば、経営資源は、①財務資本、②物的資本、③人的資本、④組織資本――の4つに分類され（前の3つは、いわゆるカネ、モノ、ヒトと呼ばれる）、組織資本とは、個人の集合体としての組織の属性であり、そのひとつとして、企業文化を挙げています。

前述の『企業戦略論』の中でバーニーは、企業文化のような資源は、経路依存的（歴史によって価値が築かれる）であり、複雑なものであるため、他の企業にとって「模倣が困難」であることが、競争優位の源になり得るとします。

マネジャー論で有名なカナダ・マギル大学のヘンリー・ミンツバーグは、戦略面での大家でもあり、彼の『戦略サファリ』（東洋経済新報社）では、主な戦略論を分類して解説しています。その中で、「カルチャー・スクール」という、戦略形成を文化という社会的な力に根づいたプロセスとして捉える見方の存在を紹介しています（ちなみにミンツバーグは、1980年代に企業文化が米国で脚光を浴びるようになった背景には、当時の日本企業の成功があるとしています）。そこで取り上げられている中には、前述の『エクセレント・カンパニー』やバーニーの考え方があります。

ただし、ミンツバーグは、カルチャー・スクールは、「組織という生命体のある特定の時期に最も適応するように思われる」とも述べています。すなわち、成長段階では有効に機能した文化が、停滞局面になると変化への抵抗勢力になり得るという点を指摘しており、企業文化の難しさを示しています。単純に「文化が強ければ、会社も強い」ということにはならないようです。

経済学で考えてみる

経営学は、企業を対象とする「領域の学問」と呼ばれ、経済学、社会学、心理学などの

「ディシプリンの学問」（一定の理論的枠組みを対象分野に当てはめていく）を下敷きにしていますが、経済学的に企業文化の意義を考えれば、以下のようになります。

取引費用の理論――「企業がなぜあるのか」という説明で、市場を通じるより企業内部で財やサービスを取引する方が、コストが安くてすむということがいわれますが、一定の文化のもとで内部取引される方が、（嗜好や価値観の共有、情報伝達のスピードアップなどにより）コストが安くなる可能性があります。「サーチ・コスト」（探索費用）はそうしたコストの一部です。

情報の経済学――同趣旨ですが、企業文化があることで、組織内部（部署間、構成員間）における情報の非対称性が緩和され、生産性を上げる可能性があります。組織外部との関係でも、取引や採用などにおいて、相手方を自社文化をもとに見ることによって選択の効率性を高めることが期待できます（スクリーニング効果やシグナル効果と呼ばれる）。後者の組織外部との関係における情報の非対称性緩和は、マッチング理論（市場での「お金」を通じた取引に適さない、「組み合わせ」を考える）でも応用できます。

契約理論――企業と従業員との間で、将来起こり得ることすべてについて、あらかじめ対処法などを定めておくことはできませんが（＝不完備契約）、企業文化が、ある程度これを補うことができます。

ゲームの理論――文化や価値観の共有により、例えば、経営者と従業員、上司と部下といったプレーヤー間のゲームにおいて、他のどのプレーヤーも今の戦略から逸脱しないことが期待できるので、「ナッシュ均衡」（＝今の戦略から逸脱するインセンティブを持たない状態）に到達しやすくなります。このことは、調整が失敗せずにうまくいくことを意味します。

ソーシャル・キャピタル（社会関係資本）理論――企業文化を通じて、集団としての協調性や連帯、他者に対する信頼などが高められることは、組織運営の効率性を向上させます。ときに社会関係資本は、「絆（きずな）」という用語でも説明されます。ただし、これには反面、「しがらみ」としての負の側面もあり、「しがらみ」ゆえに〝ノー〟といえず、結果として戦略の失敗や不祥事につながることがあります。

制度を作っても、「忖度」が過剰なら……

１９９０年代から日本企業のコーポレートガバナンスを巡る議論が盛んになり、２０１０年代になると、政府の「日本再興戦略」（２０１４年６月）に基づいて、東京証券取引所及び金融庁を主体に「コーポレートガバナンス・コード」が策定されました（15年6月）。
その直前3月に公表された「原案」の序文によると、本コードの目的として、「会社におけるリスクの回避・抑制や不祥事の防止といった側面を過度に強調するのではなく、むしろ健全な企業家精神の発揮を促し、会社の持続的な成長と中長期的な企業価値の向上を図ることに主眼を置いている」ことを掲げ、いわば「攻めのガバナンス」の実現を目指すものであることが明記されています。

しかし、現実には、当時明らかになった東芝の不正会計問題に加え、後述する大企業の不祥事が次々に起こるに及んで（三菱自動車、神戸製鋼所、日産自動車、ＳＵＢＡＲＵ、東レ、三菱マテリアルなど各グループにおける品質や試験の不正問題。なお、東芝は原発事業で再び問題化）、「守りのガバナンス」の重要性もあらためていわれるようになりました。

一般にコーポレートガバナンスというと、委員会制度や社外取締役など、制度的側面が注目されますが、こうしたハード面に加え、ソフト面も重視する必要があります。東芝は、日本企業の中でいち早く委員会設置会社となり、コーポレートガバナンスにおける先進的な企業とされてきただけに、「仏作って魂入れず」ではすまないことが、改めて認識されたわけです。

この点、企業文化も問題になってきます。東芝の不正会計については、15年7月の第三者委員会報告書で取り上げられた、経営トップによる強固な目標必達プレッシャー（「チャレンジ」）と、上司の意向に逆らえない企業風土などは、表面的に制度を論じるだけでは出てこない問題です。

17年の「ユーキャン新語・流行語大賞」（『現代用語の基礎知識』編）に「インスタ映え」とともに選ばれた「忖度（そんたく）」は、これまで言葉として日常的には使っていないものの、上司と部下、上層部と現場、監督官庁と企業などのやり取りの中で、それを前提としている面が多々あります。日本ではとくに「以心伝心」を美とする文化があるので、なおのことかもしれません。ちなみに、以心伝心は元来仏教用語で、言葉を使わず仏法の真髄を心で伝えることです。それは、師が弟子に対して行うものであって、弟子が師の心を察するわけではありません。

忖度文化が行きすぎ、全員が「上司の意向に逆らえない」風土にどっぷりつかると、適切な意思決定ができなくなり、組織は暴走を始めます。

経済学と心理学を融合した行動経済学は、２００２年のダニエル・カーネマンに続いて、17年にリチャード・セイラー（シカゴ大学教授）がノーベル経済学賞を受賞したことで、再び脚光を浴びました。行動経済学では、伝統的な経済学と異なり、人間の非合理的な側面を取り扱いますが、人の心に潜むバイアスや意思決定上の落とし穴がそのひとつです。

それには、単なる思い込みから、自分が期待する方向に物事が進むはずという単純な考え（楽観性のバイアス）、自分に不都合な情報には目をつぶりたくなる傾向（認知的不協和、確証バイアス）、集団の中での判断力の磨耗（集団浅慮、グループシンク）、手近な情報に飛びつく安易な意思決定（利用可能性のヒューリスティクスや代表性のヒューリスティクス）など、様々なものがあります。

ちなみにヒューリスティクスとは、「近道選び」のことです。人は不確かなことを判断する際、典型的な事例や手近な情報でとりあえず決めてしまう傾向があります。

話を戻して、ガバナンス問題の本質とは、冷静かつ合理的な意思決定を阻害するこうした要因、バイアスを、いかに小さくするかということだと思います。

この点は、取締役会といった上層の場に限らず、職場内のあらゆる場所に共通する課題です。したがって、企業文化として、このことを定着させていく必要があります。

「世のため、人のため」による企業統治とは

前述のコーポレートガバナンス・コードの中には、文化に関わる用語が出てきます。この基本原則の2は、株主以外のステークホルダー（従業員、顧客、取引先、債権者、地域社会など）との適切な協働という項目であり、「取締役会・経営陣は、これらのステークホルダーの権利・立場や健全な事業活動倫理を尊重する企業文化・風土の醸成に向けてリーダーシップを発揮すべきである」とあります。

すなわち、「攻めのガバナンス」といっても、株主価値の向上のみが目的ではなく、幅広い配慮が必要とされるわけで、コード中の基本原則に続く「考え方」の部分には、いわゆるESG（環境、社会、統治）問題への積極的・能動的な対応をこれらに含めることも考えられるとしています。実際、投資手法としても、財務諸表で示される業績やその予想だけでなく、企業理念や、環境・社会への貢献なども重視する「ESG投資」が盛んになってきています。

広く社会にも目を向けるべきとは、第2章で取り上げるように、内外の有名企業でかねてからいわれてきており、その多くが創業者の遺訓に由来しています。現場の経営感覚と学術

的知見を、見事に融合させたビジネス書として評判になった、経済産業省の新原浩朗氏の『日本の優秀企業研究』（現在、日経ビジネス人文庫）は、もっぱら財務データを基に抽出した約30社の優良企業の、共通要因第六番目として、お金以外の「世のため、人のためという自発性の企業文化を企業に埋め込んでいること」を挙げました（具体例として、ホンダやヤマト運輸を紹介）。

新原氏は、コーポレートガバナンスの視点で企業文化を考えます。「監視のガバナンス」には企業統治に限界があり、経営者や従業員が企業文化に従って自らを律する「自発性のガバナンス」を主体とすべきであること、その際、「世のため、人のため」という価値観が、一人ひとりのベクトルを合わせる上で有効であると説き、「企業文化による統治」という言葉まで使います。

企業が広く社会に目を向けるとき、特定の人材や部署のみで対応することは難しく、そうした価値観を企業内で共有することが重要でしょう。コーポレートガバナンスの新しい側面といえます。

コラム

財閥の家風

企業文化があるように、企業集団にも（強弱はともかく）文化があり、とくに戦前の三井、三菱、住友などの財閥には、創業一族以来の家風や企業理念が、色濃く根付いていたとされます。これらは、財閥解体後も、資本統制のない企業集団として協力関係を続け、そのグループを代表する企業のトップ（会長・社長）の集まりとして、三菱の「金曜会」、三井の「二木会」、住友の「白水会」があります。そして、各財閥・グループの伝統や特徴を示すものとして、「組織の三菱」「人の三井」「結束の住友」という標語が、よく知られています。

このうち、三菱金曜会のウェブサイトを見ると、同会は「親睦会」であること、毎月第二金曜日に例会を開催すること、例会の主たる内容として、グループ共通の社会貢献案件の審議があると書かれています。ほかの2つの会も同様ですが、会そのものの目的はともかく、過去、グループ内企業の経営が困難になった際などには、他のグループ企業が提携や救済に乗り出すことがありました。

例えば、2000年代入り後の度重なる「リコール隠し」と業績悪化から経営危機に陥った三菱自動車工業に対し、05年、グループの三菱重工業、三菱商事、東京三菱銀行（当時）の3社が増資に応じ、同社は三菱重工業の持分法連結会社となりました（もともと三菱自動車工業は、1970年に重工の自動車部門が分離独立してできた経緯）。

16年に三菱自動車工業の燃費試験不正問題が発覚し、苦境に陥った際にも三菱グループによる救済が取り沙汰されましたが、結局、日産自動車が筆頭株主となり、同社は、ルノー・日産グループの一員に加わることになりました（ただし、17年末現在も金曜会のメンバーとして残留）。

また、三菱、三井、住友の各グループは、それぞれ広報委員会を設け、共同の文化・広報活動を行っています。委員会のメンバーは必ずしも前述の会長・社長会と同じではなく、例えば、三菱金曜会の会員が27社であるのに対し、三菱広報委員会の会員は37社です（前者に含まれていないローソンや三菱ＵＦＪニコスも参加）。

各広報委員会のウェブサイトには、現在のグループや企業の活動に関するニュースに加え、創業以来の歴史が詳しく紹介されており、これらを見ると、江戸時代以降の日本の産業史とともに、現在の各グループの企業理念に取り込まれている、家風や家訓といったものがよくわかります。

三井を例にとると、グループの祖といわれる三井高利は、伊勢国（現在の三重県）松坂の商家の生まれで、若くして江戸に奉公に出たのち、いったん郷里に戻り金融業などを営みます。その後、延宝元年（１６７３年）、高利52歳のときに満を持する形で江戸進出を果たし（事前に息子や目をつけた若者を見習いとして江戸に派遣）、「三井越後屋呉服店」（三越百貨店のルーツ）を開業、同時に京都に仕入れのための店を構えます。

高利は、当時一般的だった品物持参・掛売り、一反単位の呉服販売ではなく、店頭販売・現金売りによる値下げの実現、客のニーズに応じた切り売りなどを断行し、商売は大繁盛でした。また、10年後には両替店を開き、金融業に進出、江戸幕府に為替業務を提案し採択され、幕府の為替御用方の地位に就きます（現在、日本銀行とその代理店が行っている国庫金出納業務）。当時、郷里の松坂以外の江戸や京都に進出することは、おそらく今日、米国や欧州に進出するようなものであり、ビジネスモデルの変革と合わせ、高利は、グローバリゼーションとイノベーションを体現するような人物であったと思われます。

この高利の長男の高平は、全事業の統括機関であり、現在のホールディング・カンパニーにあたる「大元方（おおもとかた）」を設置しました。加えて一族に残したのが、のちに「宗竺遺書（そうちく）」としてまとめられる家訓・家法で、両者は、コーポレートガバナンス体制と、それを支えるソフトパワーという、「車の両輪」として、三井財閥・グループに受け継がれることになります。

宗竺遺書の内容は、一族の団結から始まり、惣領家の地位・権限、養子の扱い、幕府御用、物心信心など約50項目に及びますが、前文で「ひと」のありようが示され、それが「人の三井」の精神につながったとされています。

ほかにも、コラム「三井を読む」の中に、「三井越後屋の奉公人」として、享保年間当時（1730年代）にいた奉公人（今の社員、当時、全店・全部門で750人程度と推定されている）の人事管理を記したものがあり、地縁を断ち切り不正を防止するための地元採用の禁止、きめ細かな昇進システム、成績不良者の解雇、給与支給基準と業績給の存在、福利厚生のための全員を対象とする灸治など、興味深いことが書かれています。

「宗竺遺書」の一部（現代語訳）

一、同族の範囲を拡大してはいけない。同族の範囲を拡大すると必ず騒乱が起こる。

一、結婚、負債、債務保証等については必ず同族の協議を経て行わねばならぬ。

一、毎年の収入の一定額を積立金とし、その残りを同族各家に定率に応じて配分する。

一、人は終生働かねばならぬ。理由なくして隠居し、安逸を貪ってはならぬ。
一、大名貸しをしてはならぬ。その回収は困難で、腐れ縁を結んでだんだん深くなると沈没する破目に陥る。やむを得ぬ場合は小額を貸すべし、回収は期待しない方がよい。
一、商売は見切りが大切であって、一時の損失はあっても他日の大損失を招くよりは、ましである。
一、他人を率いる者は業務に精通しなければならぬ。そのためには同族の子弟は丁稚小僧の仕事から見習わせて、習熟するように教育しなければならぬ。

（出所）三井広報委員会のウェブサイト

一方、三菱グループでは、１９３０年代に作られた「三綱領」（「所期奉公」「処事光明」「立業貿易」）、住友グループでは、初代・住友政友が遺した「文殊院旨意書」が、経営の理念や精神を記したものとして、今日まで受け継がれています。ちなみに、住友グループ広報委員会のウェブサイトには、「住友四百年　源泉」と題する漫画が掲載されており（作家で故人の西ゆうじ氏の作）、大変、面白いです。

バブルが崩壊した１９９０年代以降、日本経済を取りまく環境は劇的に変化し、グローバル競争が激しくなる中で、コーポレートガバナンスの考え方も変わってきています。かつて、日本企業やグループの代名詞であった「持ち合い」や「系列」は崩れつつあり、「グループ結束力のほころび」と題する観測記事をよく目にするようになっています。何より、旧財閥の垣根を越えた企業合併により、例えば「三井」と「住友」の両者を冠にいただく企業が複数現れています（銀行、信託銀行、海上、建設など）。こうした中で、財閥創業以来の家風が、かぎりなく薄まっていくのか、各社の精神の中に宿っていくのか、今後が注目されます。

第　2　章

成長する企業は、何が違うのか

相関と因果関係――ヒューレット・パッカードの盛衰

第1章で述べたように、1980年代のアメリカでは、企業文化に対する関心が高まり、これに関連する優れた業績が次々に現れました（『エクセレント・カンパニー』や『シンボリック・マネジャー』など）。そうした流れを受けて、90年代初頭、ハーバード・ビジネススクールのジョン・コッターとジェイムズ・ヘスケットが、『企業文化が高業績を生む』（ダイヤモンド社）を刊行します。とくにコッターは、リーダーシップ論の研究で有名で、同書もこのことと関係しています。

彼らが行ったのは、まず、アメリカの22の業種のトップ9社か10社による207社の調査対象を選び、各社のトップ6人に対して質問票を送付、その回答を基に「文化の強度」指数を作成することでした。次に、これと企業業績との関係を検証するとともに、より少ないサンプルで、企業文化が業績に与える影響を調査しました。

結果は、①それまで言われていたように「強力な文化は高業績を生む」という説明は誤りであること（その意味では、邦訳のタイトルはややミス・リーディングかもしれません。ちなみに原題は、“Corporate Culture and Performance”）、②しかし、企業文化は企業の長期的業績に強い影響を及ぼし得ること、とくにすべてのステークホルダーを尊重し、すべてのレベルに属するマネジャーのリーダーシップの発揮を重視する文化を備えた企業は、そうでない企業に比べ業績が大きく上回ること、③企業が必要とする戦略、戦術の変革を阻害するような文化は業績に悪い影響を与えること、④企業文化の変革には時間がかかるが、トップによる卓越したリーダーシップの発揮がそれを可能にすること、といったものです。

いかなるビジネス書でもそうですが、本書で好事例として取り上げられた企業の中には、その後困難を迎えた先もあるものの（例えばヒューレット・パッカードや日産自動車）、一般論としてはあまり異論がないと思います。

そのヒューレット・パッカードほど、企業文化について語られ、かつ業績評価について毀誉褒貶が激しい企業も珍しいといえます。

ヒューレット・パッカードは、1938年、友人同士でスタンフォード大学同窓のウィリアム・ヒューレットとデービッド・パッカードが、カリフォルニア州パロアルトのガレージで始めた機器製造業が発端となり、パソコンを中心に1990年代には世界有数のIT企業となりました。とくに同社の名前を有名にしたのが、HPウェイと呼ばれる企業文化です。

デービッド・パッカードは90年代半ば、『HPウェイ』（日経ビジネス人文庫）と題する自伝を刊行しています。ちなみに、何々ウェイというのは、企業文化や理念を示すロゴとしてよく使われており、トヨタ自動車も、トヨタウェイを公表しています（後述）。

ＨＰウェイとは、一言では「従業員に対する尊敬と信頼」（『ＨＰウェイ』の章題）であり、一人ひとりの意見を尊重し自主性に任せれば、画期的な製品が生まれ、社会にも貢献できるというものです。具体的には、フレックス勤務制や、仕切りや役員室の扉をなくすオープンドア・ポリシー、経営トップを含めたファースト・ネームによる呼称などをいち早く導入した企業として知られています。こうした文化は、業績や2人の人柄と合わせ外部に多くのファンをつくり、『エクセレント・カンパニー』や『ビジョナリーカンパニー』などでも取り上げられます。

しかし、ＩＴ業界の競争が厳しい中、90年代末に外部から招聘されＣＥＯに就任したカーリー・フィオリーナが、ライバル会社であったコンパックとの合併を打ち出すと、ＨＰウェイが損なわれるとして反対した創業家との間で法廷闘争にまで発展します。フィオリーナはヒューレット・パッカードに招聘されるまで、パワフルで人気のあるスーパースターの女性経営者として有名だったので、とくに世間の耳目を集めました。

結局、合併が実現し、合理化のための人員削減も行われましたが、期待したほどの成果は出ず、05年、フィオリーナは事実上解任されます（その後、彼女の名前は、政治の世界でたびたび聞かれるようになります）。この間の経緯は、記者の手による『HP クラッシュ』（PHP研究所）や、コリンズの『ビジョナリーカンパニー③ 衰退の五段階』（日経BP社）に描かれています。

前述のコッター&ヘスケットは、企業文化の強さを数値化する試みまではしましたが、文化の中身、質までは数値化できませんでした。企業文化に関する分析の限界ですが、そもそも企業業績は多数かつ複雑な要因によって決まるものであり（中には「偶然」もあり得ます）、仮にある種の文化と業績との間に関係があったとしても、それが、文化→業績という因果関係によるものなのか、結果としての相関関係に近いものなのか、厳密な区別は難しいと思われます。ヒューレット・パッカードも、HPウェイが損なわれたことが業績低迷をもたらしたのか、立て直しのための合併やリストラがHPウェイの衰退をもたらしたのかは、よくわかりません。

ひとついえるのは、少なくとも企業の成長にとって、時代や環境がいくら変わっても有効であり続ける企業文化は、（ないとはいえないが）あまりなさそうであること、必要に応じ文化も変われることが、長く成長を続ける上で有効でありそうなことです。

イノベーションを生む文化――3Mは何がすごい

成長という最終的な企業のパフォーマンスに企業文化がどこまで有効かについて、答えを出すことが難しくても、成長の決め手となる個々の要因について考えることは、比較的容易かつ有用と思われます。代表的なものが、イノベーションです。

イノベーションは、経済全体かつ個々の企業の成長にとって欠かせないものです。とくに最近は、第四次産業革命やデジタル革命が叫ばれる中、イノベーションの重要性はますます高まっており、日本経済新聞社が2017年12月に行った「社長100人アンケート」では、6割が18年度の人材投資を増やすと回答（一方、「前年より高いベースアップ」は4・9％）、その理由として最も多いのが、「イノベーション創出」（45・8％）でした。

イノベーションといえば、これまで教科書等で必ず取り上げられる企業があります。3Mです。就業時間の15％までを好きな研究開発に充ててよいとする15％ルールで有名です。

同社は、アメリカのミネソタ州に本社を構える大企業で、われわれに馴染みの深いポスト・イットを開発したことで、接着剤メーカーのイメージがありますが、製品類は実に多種多様で、字数を考えるとここで紹介するのをためらうほどです。およそ「選択と集中」という概念とかけ離れたその経営は、絶え間ない小刻みなイノベーションで新製品を作り出し、事業のポートフォリオを多様化することで、全体としての成長を続けることが特徴で、前節のヒューレット・パッカード同様、『エクセレント・カンパニー』や『ビジョナリーカンパニー』などで取り上げられました。とくに後者では、組織として明確なビジョンはあるが、ビジョンを持ったカリスマ的指導者がいない３Ｍこそ、ビジョナリーカンパニーという名称にふさわしいとまで書かれています。

現在はカリスマ的指導者がいなくても（３Ｍの現ＣＥＯの名前がいえる方は少ないでしょう）、『ビジョナリーカンパニー』には、20世紀初頭の経営困難な時代に、あるきっかけをもとに突然変異のように生まれたアイデアと製品が成功したことから、ウィリアム・マックナイトら当時の経営陣が、こうした過程を制度として定着させたこと、さらに、それらを選択し淘汰する仕組みも講じたことなどが記されています。アイデアの評価基準としては、本質的に新しいものであること、社会のニーズに合致したものであることを求めています。これらはその後、同社の基本理念として定着し、事業領域が拡大を続けても基本理念があることによって、「３Ｍの社員はほとんどカルトのような忠誠心によって会社に結びついている」と表現されています。

3Mについては、最近、名古屋市立大学の河合篤男教授らが、『100年成長企業のマネジメント』（日本経済新聞出版社）の中で取り上げています。教授たちは、企業が成長するために必要な要素として「戦略駆動力の経営」（組織の闘争心や戦闘力を喚起し続けることにこだわる経営）という概念を重視し、その代表例として3Mの歴史や施策を詳しく紹介しています。

同書では、「3Mの競争優位の柱に、企業文化がある」とされ、その中核として、同社の中興の祖である社長マックナイトの手紙に由来するマックナイト原則があり、それが社員の自発性の源泉になっているとします。

マックナイトの手紙（1948年）

事業が成長すればするほど、管理する立場にある者は権限を他のものに譲り、その人が自主性を発揮できるようにすべきでしょう。そのために心がけなければならないのは寛容さです。権限と責任を与えられた社員に能力があれば、自分の考えを持ち、与えられた職務を自ら考案した方法で果たしたいと願うようになります。社員がこうした考えを持つことは当社の望むところであり、むしろ奨励されるべきことです。もちろん過ちは起こるでしょう。しかし、本人が正しいと判断して起こす間違いは、長期的に見るとそれほど大きな問題にはなりません。それより恐ろしいのは、マネジメントが独裁化し、権限を譲った社員のやり方に口出しして生じる過ちなのです。もしマネジメントが不寛容で、社員の過ちに対して必要以上に批判的な態度を取るならば、社員の自主性の芽を摘んでしまうことになります。会社が今後とも成長していけるかどうかは、多くの社員が自主性を発揮できるかどうかにかかっているのです。

（出所）河合篤男・伊藤博之・山路直人『100年成長企業のマネジメント』（日本経済新聞出版社）

自主性を尊重する点は、HPウェイと同じですし、3M同様、ヒューレット・パッカードもイノベーションを生み出す企業として有名でした。結果としての両社の業績の違いは、技術革新著しいIT業界と、地味な資材業界との違いによる面があるかもしれません。いずれにしても、企業である以上、単発的なイノベーションはある程度期待できても、それを長期にわたって継続させるシステムを構築することには時間がかかり、それこそ文化と呼ぶにふさわしいでしょう。

ここで読者からは、「いや、そうはいっても悠長なことをいっていられない、イノベーションを生む文化のヒントがもっと欲しい」との声が聞こえてきそうです。一般論として、イノベーションを生み出すために必要とされる文化について、いくつか挙げてみましょう。

両利きの文化

イノベーションといえば、「イノベーションのジレンマ」があまりにも有名です。これは、1990年代末にハーバード・ビジネススクールのクレイトン・クリステンセンが唱えた説で、「偉大な企業はすべてを正しく行うが故に失敗する」というメッセージが衝撃的でした。

彼は、コンピューターに搭載されるハード・ディスク・ドライブメーカーの浮沈を例に、現在の顧客や市場のニーズに合わせたイノベーション（持続的イノベーション）を追求している間に、新たな価値をもたらし新たな顧客をもたらすイノベーション（破壊的イノベーション）が生まれ、結局、それまで成功していた企業が凋落するというものです。

早稲田大学ビジネススクールの入山章栄准教授は、著書『世界の経営学者はいま何を考えているのか』（英治出版）で、コンピテンシー・トラップという、イノベーションのジレンマに似ているが、より組織に密着した概念があることや、こうしたジレンマやトラップに陥らないようにするために、「知の探索」（知識の範囲を広げること）と「知の深化」（すでに持っている知識の改良）をともに行う、「両利きの経営」が必要であることが、イノベーション研究において重視されていることを紹介します。准教授は著書の中で、従業員の意識を高めることにより、一人ひとりがつねに両利きの経営を意識するような、「両利きの企業文化」を作ることが可能ではないかと唱えています。

ちなみに、ヤマトホールディングスでは、かねてより新規事業の提案制度があったものの（「スキー宅急便」がこれにより実現）、詳細な事業計画の提出が必要だったことから、人手不足で忙しい現場への配慮もあり、事業開発のノウハウがなくとも簡単なフォームで応募でき、有望な提案には事業開発の担当者がメンターとしてつくという、新しい提案制度を導入しました。これにより、現場の意見を生かして顧客志向のサービスをつくる企業文化を維持することが狙いとされています（２０１７年8月17日付、日本経済新聞）。

多様性を受け入れる

知の探索をする上で欠かせないのは、外部との連携であり、今はやりのオープン・イノベーションがそれにあたります。オープン・イノベーションとは、文字通り、企業内部のアイデアと外部のアイデアを対等に扱い、有機的に結合させることにより、価値を創造する発想です。オープン・イノベーションについては、いずれまた取り上げますが、当然のことながら、組織（内部を含む）や肩書きにとらわれず思考、行動する、オープンな企業文化であることが、その成否を決めることになります。

組織をまたぐオープン・イノベーションとも共通しますが、企業内で知の探索を行うためには（と同時に、知の深化を適度なものにとどめ、いわゆるガラパゴス化するのを避けるためにも）、発想や行動様式が異なる人材をある程度抱えることが必要になります。そこで問われるのが、多様性（ダイバーシティ）に関する許容度です。ここでいう多様性とは、年齢、性別、国籍といった外形的なものではなく、あくまで、内面的なものです（多くの場合、両者は重なりますが）。

多様性は、次章で述べる国際化の過程では、必然的に企業が直面する問題ですが、イノベーションにおいても重要なテーマです。

コロンビア大学の組織社会学者のデヴィッド・スタークによる『多様性とイノベーション』（日本経済新聞出版社）という本があります。一見、人材の多様性がイノベーションの創発にプラスに働くという内容のようですが（実は、私も当初それを期待していました）、原題が“The Sense of Dissonance”とあるように、内容はもっと複雑です。

すなわち、ディソナンス（不協和）の存在は、摩擦に伴うコストを発生させるため、一般に組織はこれを軽減しようとするが、これこそがイノベーションを生み出すもとであり、異質で多様な見方や考えが混在する、複雑な組織形態（整然とした指揮命令系統や段階的な考え方が存在するヒエラルキーと異なるという意味で、著者は「ヘテラルキー」と呼ぶ）をあえて作り出すことが、イノベーションを継続的に生むために必要であるというものです。非常に単純にいえば、「別の考えをはっきり主張することは合理的である」との思いや価値観が組織で共有化されているということです。これもまた文化といえます。

小説やテレビドラマで描かれる銀行や銀行員の世界が、これと対極にあることは、すぐにおわかりでしょう。たしかにそう思いますが、多くの組織は、ヘテラルキーではなく、ヒエラルキーになっているのではありませんか。

なお、同書の中で紹介されている具体例を見ると、スターク教授は、高い不確実性に直面する企業の組織デザインとして、このようなヘテラルキー文化のもとで、いろいろなチームや部署に大きく権限委譲するスタイルを志向しているように見えます。IT業界で、多くの後発組が優位に立った背景には、こうしたことがあるかもしれません。

情熱に根差した文化

事業がイノベーションに根ざしているという点では、スタート・アップ企業がまさにこれに該当します。起業をいかに進めるかは、日本経済活性化のために必要なテーマとして、政府や自治体も注力しています。新たに産学官連携でベンチャー企業を支援する仕組みを構築するという話のときには、「起業文化」を育てるというキャッチフレーズが、よく使われます。

スタート・アップ企業に企業文化が存在するかは、文化の定義次第ですが、社風とか会社の雰囲気といったゆるいものでいえば、かなり早い段階で存在すると考えられます。また、ビジョンや企業理念といったより規範的なものであれば、創業者の意思や個性を強く反映するものが存在するのが、一般的でしょう。

そして、多くのスタート・アップ企業、少なくとも革新的なイノベーションで成長が期待される企業で共通するのは、事業やイノベーションに対する「情熱」ではないでしょうか。

電子データサービスのイーパーセル北野譲治社長は、日本経済新聞「私見卓見」（2017年8月22日）において、日本でITベンチャーが育ちにくいのは、ベンチャー企業が生み出す新規技術を利用することに皆が及び腰であること、そして、ベンチャー側にも産業の根底を変えようとの気概が足りないことを挙げ、後者については、「世界を変えるんだ」という高い志を持てと、叱咤しています。そういえば、もはや日本を代表する大企業であるファーストリテイリングの柳井正社長は、あらゆるスピーチの中で、「服を変え、常識を変え、世界を変えていく」とのメッセージを発信することで有名です。

情熱に基づく価値観が共有され、文化とみなされるようになれば、イノベーションにとって何が有利なのでしょうか。

いうまでもなく、高いモチベーションです。創業者自身はもちろん、あえてベンチャー企業に就職する人は、少なくとも大企業に就職する人に比べ、もともとイノベーションへの意欲は高いと考えられます。入山章栄准教授の別の書『ビジネススクールでは学べない世界最先端の経営学』（日経BP社）では、トランザクティブ・メモリーが組織学習のパフォーマンスを高めることや、コミュニケーション手段として直接対話のほうが有効であることを示す研究が紹介されています。

トランザクティブ・メモリーとは、誰が何を知っているかを知っているという概念で、社員が、単に組織の一員として働いているときよりも、情熱文化のもとで働いているほうが、この点で効果的であることは、容易に想像がつきます。直接対話についてもそうです。

後の章で、不祥事との関連で大企業病を取り上げますが、「多様性を受け入れる文化」や「情熱に根差した文化」が衰退することが、イノベーション分野での大企業病といえるかもしれません。単なる組織の肥大化による効率性の低下ではなく、ソフトパワーの減衰も問題視すべきだと考えます。

ここまできて読者は、おやっと思われるでしょう。一般論としてイノベーションを生み出すために必要とされる文化で示されたことは、3Mでもいえるのではないかと。

まさにそうです。だからこそ、イノベーションに関し、3Mがよく引用されるのだと思います。前述の河合篤男教授らによる『100年成長企業のマネジメント』を読めばわかりますが、3Mでは、単にイノベーションを重視するだけでなく、事業の入れ替えや、「自由と規律」のバランスを回復するための経営管理体制の見直しなどを繰り返すことによって、知の探索と深化、多様性、情熱などを維持してきました（同書には、大企業病への対処という言葉も出てきます）。将来にわたっても、同社がイノベーションを継続的に生み出す企業であるのかどうか、注目されます。

同族経営は有利なのか、不利なのか

同族経営（企業）、ファミリービジネス（企業）などと呼ばれる会社があります。もっぱら特定の一族が所有や経営を行っている企業で、中小企業ではごく一般的ですが、大企業でも、意外に知られていないが実は同族経営という先が、少なからずあります（例えば、大手ゼネコン5社に入る竹中工務店）。地方はとくに同族経営が多く、私がいる大分の地元の企業では、同族経営でないところを探すのが難しいくらいです。

そもそも資本家が事業を起こし、ビジネスを拡大させた場合、突然引退を表明し、廃業するはずもなく、何らかの形でそれが継続されるべく取り計らうのは自然の成り行きです。その際、家族や親族を中心に引き受け手を探すのは、コストの面からも心情的にも理に適っているといえます。とくに伝統を重んじるヨーロッパでは、フォルクスワーゲンにおけるピエヒ家やポルシェ家、BMWにおけるクヴァント家、ルイ・ヴィトンにおけるヴィトン家など、企業名やその歴史と一族の名がワンセットで語られます。中国、韓国、台湾といったアジア諸国もそうですし、アメリカでも、世界最大のスーパーマーケットチェーンであるウォルマートは、ウォルマート流儀という企業文化（従業員の尊厳や顧客重視など）を生んだ創業者サム・ウォルトン以来の一族がCEOに就いています。

では、同族経営はそうでない場合に比べ、有利なのでしょうか。

日本経済大学の落合康裕准教授らが上場企業を対象に行った調査（2015年、東証1部・2部、地方上場企業が対象）では、測定期間（5年間）を通じて、同族企業（調査ではファミリービジネスと定義）の自己資本比率、流動比率（流動資産÷流動負債）、総資産利益率（ROA）は、非同族企業（調査では一般企業と定義）を有意（統計学的に、偶然である確率が極めて小さいという意味）に上回るとの結果が出ました。すなわち、同族企業は一般に、より安定的で無駄のない経営を行っていることがわかります（『ファミリービジネス白書2015年版』）。

同様に、『一橋ビジネスレビュー』（15年8月号）では、シンガポール国立大学ビジネススクールのウィワッタナカンタン・ユパナ准教授と京都産業大学の沈政郁准教授が、1962年から2000年までの非常に長い期間にわたって、日本の上場企業におけるファミリー企業と非ファミリー企業の業績比較を行っています。具体的には、企業規模、負債比率、企業年齢など、一般に企業業績に影響を及ぼすと考えられる諸変数を考慮した上で、両者の総資産利益率（ROA）に有意な差がみられるかを検証しました。結果は、やはり、ファミリー企業が有意に非ファミリー企業を上回るというものでした。

一般的には、同族経営には、①長期的な視点で経営ができる一方で、すばやい判断ができ、とくに世代交代などの際には大胆な経営改革ができる、②後継者は先代の背中をみているので、ノウハウや思想の承継がしやすい、③社員からみても経営者の交代に納得性が得られやすい、などの利点が指摘されています。

中でも②や③については、社員にとっての企業存続に向けた安心感や信頼感が、ロイヤルティの向上につながる可能性が考えられます。これらのことは、いずれも組織内での価値観の共有、すなわち企業文化の醸成につながり、このことが企業経営にとってプラスに働きやすいといえるでしょう。

もちろん、同族経営にはリスクもあります。

2011年に話題になった、大王製紙元会長への貸付金問題（創業家出身の当時の会長が、カジノの賭け金といわれる個人的用途で、正式の手続きを経ずして子会社から多額の資金を借り入れ、損害を与えた）では、元会長とその父親がグループを一体として支配しており、社員らも、グループはすべて父子のものであると意識し、「彼らには絶対的に服従するという企業風土」が根付いていたことが、事件発生の基盤となったとされました（2011

年10月、特別調査委員会報告書)。

最近では、製造したエアバッグの欠陥から大量のリコール・訴訟費用が発生し、17年6月経営破綻したタカタでも、組織文化が問われました。すなわち、安全面を中心に現場の規律が緩んでいる、緊張感がないという企業風土が問題とされ、さらに、株式の過半を握る創業家の存在が組織の風通しを悪くしていたという内部からのコメントも報じられました(17年6月29日付、日本経済新聞)。

もっとも、後述する神戸製鋼所ほかでも、検査データの改ざんなど不正が広範囲に行われており、同族経営が直ちに不祥事のリスクを高めるわけではないと考えられます。

後継者を生み出す文化とは——優良企業でも「お家騒動」

おそらく企業にとってより切実な問題は、静態的な状況として同族経営であるかないかというより、所有や経営といったコーポレートガバナンス上の大きな変化がもたらすリスクや不確実性をいかに小さくするかだと思われます。例えば、企業が成長したり、長期間存続することに伴って株式保有が分散化し、とくに公開企業になれば、創業者や創業家と価値観や考え方が異なるステークホルダーや経営者が登場してきます。このことが、ときには企業内に軋みをもたらします。産業の中では比較的歴史が浅いIT業界もその例外ではありません。

コロンビア大学ビジネススクールのリタ・マグレイスは、著書『競争優位の終焉』（日本経済新聞出版社）の中で、変化のテンポが飛躍的に高まっている現代における、既存の戦略フレームワークやツールの限界を説きます。そうした中では、安定性とアジリティ（俊敏性）を両立させ、業界ではなく、顧客が求めるソリューションに基づくアリーナ（競技場）を主戦場にできるような企業が生き残るとしました。その条件にかなった例外的成長企業をいくつか紹介していますが、その中に、インドの大手ITサービス会社のインフォシスがあります。

ところがそのインフォシスで、最近、経営陣の内紛が起きました。経営の考え方について、保守的な創業者と欧米流の最高経営責任者（CEO）の対立が深刻化、メディアを通じた批判合戦にまで発展しました。結局、そのCEOは辞任しましたが、彼は、米スタンフォード大学で学び、独SAP（大手ソフトウエア会社）に長く勤めたことから、「文化」の違いが対立の根底にあるといわれました。

同様な混乱は、同じくインドの最大財閥であるタタ・グループでもありましたし、日本でも、大塚家具の例を持ち出すまでもなく、しばしば「お家騒動」が取り沙汰されます。

投資家も関心を示す「後継者計画」

事業承継をいかにスムーズに行うかという問題は、日本でとくに深刻化しています。背景にあるのは、いうまでもなく高齢化です。

ちなみに、帝国データバンクの「2016年全国社長分析」によると、社長の平均年齢は、15年に59・2歳と過去最高を更新し、1990年（54・0歳）以降一貫して上昇を続けています。

そうした中、同じく「2016年後継者問題に関する企業の実態調査」（サンプルは社長分析と異なる）では、国内企業の3分の2にあたる66・1%が後継者不在で、14年の前回調査に比べ、0・7%ポイント上昇しています。社長年齢が若い企業で後継者が不在なのはわかりますが、60歳代で54・3%、70歳代で43・3%、80歳代でも実に34・7%と、高齢層で驚くほどの高さとなっています。

なお、この後継者問題に関する企業の実態調査によると、後継者のいる企業における後継者の属性は、「子供」が36・8%と最大を占める一方で、「非同族」が32・4%と、前回（14年）、前々回（11年）に比べ着実に上昇しています。

こうした中、事業承継の支援は、行政や業界団体、金融機関などの重要な業務となりつつありますが、経営の考え方や価値観の共有など、ソフトの面になると、外部の機関では限界があります。後継者の育成や招聘については、経営トップにあるものとして、常に考えておくべき問題といえます。

ずっと以前のことです。知り合いで、コンピュータ―グラフィック分野のパイオニア的存在であった企業を経営されていた方が、創業から時間が経ったことに加え、後継者の不在から、株式の過半を大手コンテンツ企業に売却しました。しかし、経営に対する考え方や企業風土の違いから協働がうまくいかず、結局、短期間で完全に身を引くことになりました。似たような事例は意外に多いのではないでしょうか。

なお、上場企業の場合、投資家が、経営トップの後継者の育成や選定に関する考え方や手続きを定めた「後継者計画」（サクセッション・プラン）の有無に関心を示すようになっています。ディスクロージャーの支援サービスを手掛ける宝印刷が、東証に提出された「企業統治報告書」を調べたところ、後継者計画の存在を明らかにしている上場企業はその時点で17社あったということです（17年9月17日付、日本経済新聞）。

大分県宇佐市に三和酒類という企業があります。「いいちこ」のブランドで知られ、出荷量で全国1、2位を争う大手焼酎メーカーです。また、「下町のナポレオン」のキャッチコピー、アートディレクター河北秀也氏の起用による美しいポスター、ビリー・バンバンの歌など、特徴ある広告宣伝でも有名です。財務的には、無借金経営です。

三和酒類の社名の由来は、1958年に、宇佐市の酒造業者3社が共同事業を始めたことに由来します。翌59年にもう1社が参加し、以来、それぞれの酒蔵を代表する4家（赤松、熊埜御堂、和田、西）が共同で経営し、交代で社長を出すという大変ユニークなガバナンス体制となっています（17年10月、初めて、創業家以外からの内部登用による社長が誕生）。

この点、同社は共同経営から始まっているので、あくまで「公平」を重視し、株式所有比率は4分の1ずつ、4家の代表が全員代表取締役に就任、役員報酬は平等、各家からの入社は2人まで、個室は作らないなど、設立以来の取り決めがあるとのことです。

企業文化としては、「おかげさまで」という謙虚さを信条とし、「事業継続が目的であり、利益はそのための手段」、「『家族の幸せ』『人と自然』『人と人』」を大切にする」などの経営理念を掲げ、かねてより環境問題への取り組みなどを積極的に進めており、ESG投資の時代を先取りした地方企業といえます。事業承継を考える上でも、ひとつの参考になるのではないでしょうか。

M&Aの障害――なぜ合併は破談になるのか

最近、企業戦略にとって欠かせない手段となっているのが、M&A（合併や買収）です。話は古くなりますが、第二次世界大戦後、それまで軍用に供されていたオペレーションズ・リサーチ（OR）など計画的な意思決定手法を企業経営に活かす試みがアメリカで盛んになり、経営学の発展に大きく寄与しました。本来、軍事用語であった「戦略」という言葉が、ビジネスの世界で用いられるようになったのもその頃です。

アメリカの経営学者で、今日、「経営戦略の父」として知られるイゴール・アンゾフは、1965年に『企業戦略論』（続編の『戦略経営論』は中央経済社）を出版し、その中で彼は、製品と市場のそれぞれについて、既存のものと新規のものに分け、これらを組み合わせて（2×2＝）、4つの戦略を考える分析的枠組みを編み出しました（「成長マトリクス」）。「なんだ、そんなことか」と思われるかもしれません。一般にビジネスについて語られる際、無意識にこのフレームワークに則っているほど、今では定着した概念となっています。

アンゾフは、このマトリクスに基づいて企業戦略を考える上で重要なのは、シナジー（相乗効果）であるとしました。シナジーが期待できない拡大化や多角化は、マイナスの効果が起こり得るというのです。実際、急激な店舗展開や新規事業への進出が、かえって業績の足を引っ張る例は、枚挙に暇がありません。

資本市場が発達しているアメリカで、こうした企業戦略を具体的に実行する手段としてかねてより駆使されているのが、M&Aであり、日欧に比べ投資家の短期志向が強いとされるアメリカでは、それが「時間を買う」手段ともみなされてきました。投資銀行の有力な収益源がM&A関連ビジネスであることは、よく知られています。日本でも最近、M&Aは、ごく当たり前の成長手法とみなされています。

前に述べたように、アンゾフの議論は、計画的、機械的に企業経営を考える流れの中で生まれたものであり、彼が示した、戦略的意思決定のためのフロー・チャートは、多数の計数的チェック項目を含む極めて複雑なものとなっています。実は成長マトリクスは、その中のパーツのひとつにすぎません。

しかし、これまでの事例をみると、シナジーの発揮やM&Aの成否を決める鍵として、計数には表されないソフトパワー的なものもあるのではないかと思われます。まさに「社風」とか「企業文化」と呼ばれるものです。

1998年、高級車に強いドイツのダイムラー・ベンツと、SUVに強いアメリカのクライスラー（当時のアメリカのビッグ3のひとつ）の合併が発表され、「世紀の大合併」と話題になりました。それぞれが強みとする市場と製品を持ち寄ってシナジーを発揮することにより、自動車産業におけるグローバル競争の激化に対応することを目指しました。

結果は、2007年、新会社ダイムラー・クライスラーがクライスラー部門を投資ファンドに売却し（のちにクライスラーは、リーマンショック後の金融危機の際に破綻し、イタリアのフィアットの傘下に入る）、社名をダイムラーに変更しました。それまでの間、ドイツとアメリカの2本社制で意思決定に問題があり、文化の違いがコミュニケーション不足に拍車をかけたことは、よく知られています。

結局、合併には至りませんでしたが、日本でも、文化の違いが取り沙汰されたことがあります。キリンとサントリーによる幻の経営統合です。09年夏のスクープで明らかにされた、両社の経営統合に向けての交渉は、翌年に打ち切られることになりました。

両社の統合については、片やビール、片や洋酒や清涼飲料水に強く、自動車同様グローバル競争が激しくなっている食品業界で、世界上位のメーカーが誕生すると期待する向きがあった一方で、片や三菱グループの名門企業、片や関西発祥の非上場ファミリー企業として、企業風土があまりにも違うのではないかと危惧する向きもありました（どこまで的確かはわかりませんが、「紳士」と「野武士」といった表現も使われました)。

結局、合併比率や合併後のガバナンス体制について、最終的な合意が得られなかったことで、交渉は断念されましたが、当初、統合の話を聞いた際、ダイムラー・ベンツとクライスラーの合併話と同様の違和感を覚えたのは、私だけではないでしょう。

また、ファミリー企業を含むM&Aで話題になった最近の事例では、出光興産と昭和シェル石油の合併があります。当初、2017年4月に予定されていた両社の合併は、出光興産の創業家(同社の創業者は、『海賊とよばれた男』のモデルとされる出光佐三)の反対で遅れ、17年末の段階でも決着がついていません。創業家の反対の背景には、持株比率が下がることによる経営への影響力低下への懸念があるとされますが、もともと同社には、創業者による独特な経営理念(例えば、「人間尊重」)があり、16年6月、創業家側が表明した合併反対理由として、「企業文化や事業戦略の大きな違いにより、合併によるシナジーが得られない」ことが掲げられていました(日本経済新聞報道による)。

摩擦を生む合併、相乗効果を生む合併

以上のような事例を踏まえると、M&Aの成否を考える上で、企業文化の視点をまったく

欠くことはできないように思われます。バブル崩壊後、不良債権問題が深刻化する中、大手銀行の合併が相次ぎましたが、そのたびに、同じ銀行でありながら、行風の違いが生む軋轢のようなものが伝えられました。前述のジェイ・バーニー（現ユタ大学）も、『企業戦略論』において、「企業を統合するうえで最も困難な課題となるのは、組織文化の相違の克服であろう」と述べています。

しかし、後ほど述べるように、企業文化は変えることができますし、変えていかなければ、企業の存続そのものが問われる時代になっています。要は、プライオリティ（優先順位）を踏まえて確信を持って決断し、そのことをステークホルダー（株主だけでなく、従業員や取引先、場合によっては地域社会も）に丁寧に説明、その支持や理解を得ることです。

ちなみに、M&A絡みの企業文化に関する話題で興味を持ったものを2つ紹介します。

米シスコシステムズ（インターネット関連機器・ソフト）を大きく成長させたジョン・チェンバース会長（当時）の退任を報じる記事で（2017年12月13日付、日本経済新聞）、同氏の大きな功績は、「M&Aの企業文化を植えつけたこと」とされています。顧客の要望に応える上で足りないものは買収して品揃えに加えたとあります。

もうひとつは、日本における企業合併の成功例といわれるJFEグループのことです。

01年12月にＮＫＫ（日本鋼管）と川崎製鉄との間で経営統合に関する基本合意書が締結され、翌年以降、持株会社の設立や傘下会社の再編が進められ、現在に至っていますが、基本合意の際の公表文には、経営統合の狙いについて、両社の経営資源を活かした最高水準の競争力実現と並んで、「変化に対して挑戦し続ける革新的な企業文化の創造」が挙げられています。

統合当初、本部だけでなく、現場の製鉄所間（例えば、ＮＫＫの福山製鉄所と川崎製鉄の水島製鉄所）で要員を積極的に入れ替え、文化やノウハウの共有や革新を図っていることが報道されたことを、今でも記憶しています。

結果論かもしれませんが、単独で生き残りを図った神戸製鋼所が、後述するように、不祥事に関連して、その企業風土や組織内コミュニケーションの不足が問われているのと、対照的な姿になっています。

コラム

日本の電機産業の盛衰

日本の電機産業ほど、比較的短期間に、ビッグビジネスが頂点から転がり落ちた例も珍しいでしょう。戦後の高度成長の波にのって家電製品を大量生産するビジネスモデルを確立した各メーカーは、日本の街中に、それぞれの系列電器店を持っていました。海外市場も席巻し、米RCAやゼニスなどの有力メーカーが家電事業から駆逐されました。

1980年代にはVTRで世界を制覇します。さらに、その勢いで半導体事業にも積極的に進出し、一時は、日本勢がメモリー（DRAM）の世界シェア80％を占めるに至ります。その過程で、米インテルが、それまで主力事業であったメモリーから撤退し、CPU（中央演算処理装置）に集中することになったのは有名な話です。

しかし、2000年代になると、日本メーカー自身がメモリーからの撤退を余儀なくされました（例外は、最近話題になった、東芝のフラッシュ・メモリー事業）。さらに、リーマンショック直後の09年3月期に、日立が、当時としては国内製造業で過去最悪の約8000億円の赤字を計上、ソニー、シャープ、パナソニックは12年3月期に大幅な赤字（3社計約1兆6000億円）に陥りました。テレビや液晶、スマホ事業などの不振が原因です。また、原発事業での損失処理を主因に、東芝が、17年3月決算で約9600億円の赤字となり、先の日立の記録を塗り替えました。

この間、アップルを代表とするアメリカのIT企業はもとより、サムスン、LG（以上、韓国）、レノボ、ハイアール、ファーウェイ、シャオミ（以上、中国）、ＴＳＭＣ、ホンハイ（以上、台湾）などの新興アジア企業が、日本メーカーにとって代わり主役の座に躍り出たのは周知のとおりです。

日本の電機産業が苦境に陥った原因については、次のようなことが指摘されています。

第一が、イノベーションの停滞です。主力商品が、技術革新や消費者嗜好の変化が激しいエレクトロニクス産業特有のパラダイム・シフトに乗り遅れました。この点、前述した「イノベーションのジレンマ」（既存の製品や顧客に目が行きすぎて、革新的なイノベーションによって足元をすくわれる）があったといわれます。

第二が、日本勢が得意としていた「生産」の体制に関わることです。アジア諸国の工業化に伴う「ものづくりアーキテクチャー」の変化（＝垂直統合から水平分業へ）や、デジタル化に伴う「コモディティ化」（＝性能・品質の差がなくなり、規模の利益が圧倒的有利に）に、十分ついていけず、競争力を喪失したことが挙げられています。

第三が、個別経営判断の誤りによるものであり、代表的なものが、福島第一原発事故後における東芝の原発事業への傾注です（片や日立やソニーは、足元、事業構造の転換に成功しつつあるといわれます）。

さらに、これらに加えて、風土や体質の問題も取り沙汰されます。

例えば、電機産業に詳しいジャーナリストの湯之上隆氏は、『日本型モノづくりの敗北』（文藝春秋）の中で、イノベーションの停滞をもたらした背景に、日本メーカーの極限性能を追求する「技術文化」が過信を招いたことを挙げています。

また、日用品から出発し、今は積極的に新しい家電製品を売り出すアイリスオーヤマの大山健太郎社長は、日本の家電産業は、経済成長が続いていた頃の「足し算の文化」（従来に比べ高機能で高額の製品を出せば売れた）や「横並びの文化」（他社が製品に新たな機能を付ければ自社も追随する）から抜け出せないことが、消費者を驚かせる製品が少なくなった背景にあるとしています（17年8月3日付、日本経済新聞「私見卓見」）。

中には、旧電電公社以来の「電電ファミリー」や、行政官庁を含めた「原発ファミリー」が育んだ、もたれあい体質を指摘する向きもあります。

このほか、電機産業の事例を取り上げた書でよく目にするのは、危機感のなさや縦割り組織の弊害などの、いわゆる大企業病や、共同体的性格が強い組織では、創造性の発揮につながるモチベーションが生まれにくいとする、「日本企業」全体に通じる問題です。

日本の電機産業の苦境をもたらした要因は様々あり、複合的ですが、その中で企業文化に限っても、複合的といわざるを得ません。

第 3 章

国際化と国民性、そして企業文化

ホフステード指数とは——日本の組織は男性的価値観中心

企業活動の場が国境を越えて海外に向かうこと自体は、ずっと以前からある話ですが、高齢化と人口減少が進む日本の企業にとっては、単なる成長戦略を超えて、生き残りのための切実な課題です。国際化戦略を進める上で欠かせない要素が、国民性とか国民文化といわれるものです。

企業経営にとって国民性は、次の2つの観点で問題となります。

ひとつがマネジメントのスタイルです。その国の国民が個人主義なのか集団主義なのかは、人事管理や組織の構成を考える上で重要ですし、長期志向なのか短期志向なのかは、経営目標やM&Aを考える上で必要になります。

もうひとつは、マーケティングです。とくに消費財の場合、色やデザイン、味などはその国の文化と切っても切れない関係にあります。

企業文化と国民性を関連付けて分析し、企業文化そのものの研究にもおおいに貢献したのが、オランダ出身の社会心理学者・経営学者ヘールト・ホフステードです。1980年に出版された『経営文化の国際比較』(産業能率大学出版部)において彼は、巨大多国籍企業であるＩＢＭ社の社員（のべ約11万７０００名）を対象とする質問表をもとに、「権力格差」「個人主義対集団主義」「男性的価値観対女性的価値観」「不確実性回避」の４次元を設定し、40カ国の国民性を指標化しました。

すなわち、ＩＢＭに属するという共通要因でコントロールすることによって国民性を浮かび上がらせ、これにより、日本の組織やアメリカの組織、インドの組織などが、それぞれいかなる文化的特性を持つか、「見える化」しようという試みです。

結果は、例えば日本の組織は、男性的価値観中心で不確実性回避度も強い、アメリカの組織は個人主義的傾向が強い、インドの組織は権力格差すなわち上下関係が厳しいといった特徴が表現されました。

ホフステードはその後、データ・サンプルや質問項目の拡充などを通じて研究を深化させ、「長期志向対短期志向」という５番目の次元の導入（中国は長期志向のスコアが高い）や、国民性を介してではなく組織文化を直接測定する６次元モデルを開発したりしました。この間の経緯は、『経営文化の国際比較』の続編ともいうべき『多文化世界』（有斐閣）に詳しく書かれています。

また、ホフステードのウェブサイトでは、国民性に関し、前述の５次元に「快楽主義対禁欲主義」を加えた、最新の国別スコア（いずれかの次元のスコアがある国は100カ国以上）や、それを基にした順位がわかります。ちなみに、あとから付け加えられた二次元についていえば、日本は、長期志向がかなり強い一方、快楽主義的傾向については、中南米諸国が圧倒的に高いという予想通り（？）の結果が出ています。

ちなみにホフステードの研究を活かし、組織文化診断や異文化マネジメントを行う国際的なネットワーク、itim international が存在し、日本にも、イティム・ジャパンがあります。

ホフステードの研究については、サンプルの適切さや次元設定の妥当性など、いくつか問題も指摘されていますが、あいまいな概念であった国民性や企業文化について、次元指標とスコアリングによって定量化したことは、その後の研究に多大な影響を与えました。

例えば、アメリカの経営学者ロバート・ハウスが音頭をとり、170人の共同研究者が、1000近い企業の管理職約1万7000人を対象に行った大規模プロジェクトの成果であるGLOBE指数は、ホフステード指数と並んでよく用いられます。

また、オランダの経営コンサルタントで、異文化マネジメントを専門とするフォンス・トロンペナールは、

①「普遍主義対個別主義」（規則重視か人間関係重視か）

②「共同体主義対個人主義」（集団を重視するか個人を重視するか）
③「感情表出的対感情中立的」（感情をどこまで面に示すか）
④「関与特定的対関与拡散的」（必要とされる範囲内のつき合いしかしないか）
⑤「達成型地位対属性型地位」（業績に基づいて地位を付与するか年齢や学歴などに基づいて地位を付与するか）
⑥「順次的時間管理対同期的時間管理」（時間の流れや順序を重視するか否か）
⑦「自然対立的対自然調和的」（自然をコントロールすることに対するスタンスの違い）

という、７つの次元で文化を分類することを試みており、そのためのデータベースと自己点検用テストを提供しています（『異文化の波』白桃書房）。

「フラット化」しない世界

本章冒頭で述べたように、多国籍スタッフのマネジメントと等しく、国民性を考える必要が生じるのが、冒頭に挙げたマーケティング、あるいはより広くビジネスモデルです。

『コークの味は国ごとに違うべきか』（文藝春秋）の著者で、元ハーバード・ビジネススクール教授のパンカジ・ゲマワット（現ニューヨーク大学スターンスクール・オブ・ビジネス）は、グローバリゼーションの進展や技術進歩などにより世界の市場が統合され、単一市場になりつつあると見るのは早計で、実際は、われわれが考える以上に分断されていると主張します。

この意味で、ジャーナリストのトーマス・フリードマンが『フラット化する世界』（日本経済新聞出版社）で唱えた説と正反対です。

ゲマワットは、他国市場への進出にあたっては、CAGEフレームワーク、すなわち文化（Culture）、政治や行政的制度（Administration）、地理的要因（Geography）、経済状態（Economics）の4つに分類される、彼我の距離や相違（Distance）をよく認識する必要があると説きます。

その上で、集約化（Aggregation）、現地化（Adaptation）、裁定取引（Arbitrage）のいずれかの戦法、もしくはそれらのバランスをとることを勧めます。なお、裁定取引とは、違いを利用して一方から他方に商品やサービスを持ち込むことで、文化的側面では、安心・安全や健康に対する意識が高まっている国に、日本食を売り込むようなことを指します。

いずれにしても、国民性や文化の違いを考えることなく海外進出を図ることは、「水に一度も触れたことがないのに泳げると錯覚することと同じだ」（ヘールト・ホフステード）と考えた方がよさそうです。

日本企業の特徴を考える――「中途半端に集団主義的」な国民性

さて、いよいよ日本企業の文化についてです。

先に紹介したように、国民性にかなりの違いがあり、それぞれの国の企業文化（もしくは組織文化）に影響していることについては、コンセンサスがあるようです。問題は、国民性が企業文化に投影される結果、それが、国際的なビジネスにどの程度影響するのか、ということです。

先のホフステード指数においては、アメリカ人が、個人主義的傾向が強いのに対し、日本人はより集団主義である、ただし、全体の中では中位に近く、他のアジア諸国の方が集団主義的であるという結果が出ました。

この点に関し、前述した入山章栄准教授は、『世界の経営学者はいま何を考えているのか』の中で、われわれ日本人が「自分たちは個人主義的でなく、集団主義的である」と思い込んでいる事実と異なることや、そもそも集団主義（例えばチームプレー優先）はビジネスにとってプラスと考えるべきなのかという疑問について、解説してくれます。

後者の点についてては、別の研究結果も示しつつ、結論からいえば、「やや集団主義的」な国民性を持つ人々から成る日本企業は、それゆえに、海外企業との協力関係を築くのがうまくない可能性がある、ということでした。なぜなら、個人主義的であるアメリカ人は、実は自分が所属するグループの外部の人たちと親和的である一方、やや集団主義的な日本人は、より集団主義的なアジアの国々の人々と信頼関係を築くのが容易ではない可能性があるからです。すなわち、中途半端な立ち位置ゆえの不利さです。

前に述べたように、ホフステード指数で日本人のスコアがとくに高く、結果として日本の組織にみられる特徴は、男性的価値観中心で、不確実性回避度が強いということです。

ホフステードがいう男性的価値観中心（Masculinity）とは、必ずしも男性上位ということではなく、男女の性による区別がはっきりし、勝敗や競争が重視されるということです。ウェブサイトでの彼の解釈によれば、日本人の場合、集団主義的というスコアが比較的高いことと重ね合わせると、個人間ではなくグループ間の競争が熾烈ということであり、製造業における現場の強さや、悪名高い日本人の働きすぎが、その現れであるとします。たしかにグループ競技である駅伝がこれだけ盛んな国も珍しいでしょう（私自身、お正月の2日、3日は、箱根駅伝でテレビに釘付けです）。

これらの点については異論もあると思いますが、少なくとも、職場環境が男性中心であるとか、公的機関でも企業でも、管理職以上のポストに就いている男女比が、先進国の中で突出して男性上位であることは間違いない事実であり、日本企業の文化といわれても仕方のない状態にあります。

外国人から見た「日本人像」とは

もうひとつの不確実性回避度（Uncertainty Avoidance）ですが、ホフステードの定義は、われわれ自身が、日本人がそうであると思い込んでいる「リスク回避的」とは少し違い、未知のものや曖昧さに対する不安感ないし不信感のことです。

同じくホフステードの解釈では、日本人は、型や儀式を重視する傾向が強く、学校における入学式や卒業式が一斉に同じような形で行われ、結婚式や葬式の形まで決まっているとします。企業では、プロジェクトを始める際の準備に多大なエネルギーを注ぎ、マネジャーは、意思決定の前に詳細な事実や計数を求めます。結果として、「変化」が困難になります。「変わろうとしない組織」「変化を好まない上司」とは、日本の組織に勤めたことのある人であれば誰でも感じることでしょう。もっとも、時間が経つうちにその感覚が薄れ、自分自身が「変化を好まない上司」と思われるようになります。これが、文化の持つ恐ろしさでしょうか。

ホフステード指数や、その後に作られたGLOBE指数は、国民性を定量化している点で特徴的ですが、定性的に国民性を議論した文献は多数あります（図書館の地誌・文化といったコーナーで必ずお目にかかれます）。

例えば、言語学者のリチャード・ルイスは、『文化が衝突するとき』（南雲堂）において、国民性についておおよそ3つのグループに分類できるとします。ひとつは線状行動型といい、職務志向あるいは高度に組織だった計画重視で、ドイツ人が当てはまります。第二は複合行動型といい、人間志向、相互対話志向で、イタリア人が当てはまります。最後は反応型といい、内向的、敬意志向で、聞き手にまわるタイプで、日本人がそうです。

この結果、イタリア人はドイツ人のことを、堅苦しくて時間に支配されていると考え、逆にドイツ人はイタリア人のことを、支離滅裂で、話すときの身振りが大袈裟だと考えます。日本人は、その様子を見守りながら、両者から学ぶとします。

ルイスは同書の中で、多数の国の国民性について、それらが生まれた背景から、その結果としてのビジネス風土、さらにはビジネスの際の交渉術に至るまで、実に細かく述べています。彼自身の体験や伝聞に基づくものが多く、アカデミックな検証には耐えないことや、中には、明らかに誤解と思われるものもありますが、「外国人から見て日本人がどう思われがちであるか」を認識する上では、格好の材料になります。

例えば、通説「日本人の笑いは、作り笑いに見える」→ルイスによる解説「相手を和ませようとして、にっこり笑っているのである。にらみつけられるよりいいではないか」。通説「相手の目をまっすぐ見ない」→同「相手をじろじろ見るのは失礼だと教えられている」など。

日本人による日本人論

では日本人自身は、自分たちや自分たちの組織をどう見ているのでしょうか。

残念ながら、あえて論じる以上そうならざるを得ないのかもしれませんが、出版されたものを見る限り、日本人や日本型組織について、否定的なトーンが多いようです。その理由として、第二次大戦における日本の敗戦や日本軍の失敗を、日本人の特性や現代日本の組織の失敗に重ね合わせるケースが多いからだと考えられます。

代表的なものが、ビジネス書でも取り上げられることが多い、山本七平の一連の作品で、『「空気」の研究』（文春文庫）に代表される日本人・日本社会論や、『日本はなぜ敗れるのか―敗因21カ条』（角川oneテーマ21）に代表される日本軍・日本組織論です。

『「空気」の研究』で示された、日本人は、論理的判断の基準と、空気的判断の基準という、二重基準（ダブルスタンダード）のもとで生きているという指摘は、多くの人の賛同を得ているように思います。

私自身、日本銀行時代の諸会議において、異論を唱えたり疑義を呈したりすると、「みんなが内心思っていることをあえて言うなんて、空気が読めない奴」と思われている実感を、たびたび味わいました。私がしばしば引用するたとえですが、山本七平は、同書の中で、日本の組織における会議を以下のように表しています。

会議で、あることが決定され会議が終了し、参加者は三々五々飲み屋などに行く。そこで今の決定について、「議場の空気」がなくなり「飲み屋の空気」になると、文字通りのフリートーキングが始まる。そして「あの場の空気ではああ言わざるを得なかったのだが、あの決定はちょっとネー」となり、そこで出る結論は全く別のものになる。日本における多数決は「議場・飲み屋・二重方式」とでもいうべき「二重空気支配方法」をとり、議場の多数決と飲み屋をまわって集めた多数決を合計し、決議人員を2倍ということにし、その多数決で決定すればおそらく最も正しい多数決ができるのではないかと思う。（略）中東や西欧のような、滅ぼしたり滅ぼされたりが当然の国々、その決断が、常に自らと自らの集団の存在をかけたものとならざるを得ない国々やそこに住む人々は、「空気の支配」を当然のように受け入れていれば、到底存立できなかったであろう。

『「空気」の研究』山本七平

文中にあるように、「空気」で生きることは、国際ビジネスやその前提となる異文化コミュニケーションにおいて妨げとなることは間違いないでしょう。ギリシャ語、ラテン語、ヘブライ語など多言語に通じ、ユダヤ教やキリスト教に詳しい山本七平ならではの警句です。ちなみに、彼の出世作が、１９７０年にイザヤ・ベンダサンのペン・ネームで出版し、大ベストセラーになった『日本人とユダヤ人』（角川ｏｎｅテーマ21）であることは、よく知られています。

一方、彼の『日本はなぜ敗れるのか―敗因21カ条』は、技術者としてフィリピンに派遣され抑留された小松真一氏の記録『虜人日記』で記された敗因の数々を、再編成、解説したものですが、その中に、日本人には自己の行動を規定する確たる文化がなく、であるがゆえに他の文化圏に住む者と対等な立場で話し合うことができず、「一人よがり」になりがちであるとの記述があります。ここでもまた、異文化とのコミュニケーション問題が出てきます。

予言の書となった『失敗の本質』

さらに、日本軍の失敗に関する研究では、野中郁次郎氏ほかによる『失敗の本質』（ダイヤモンド社、中公文庫）があまりにも有名で、そこでは、ノモンハン事件をはじめとする6つのケース・スタディを行い、戦略上、組織上の失敗要因を明らかにします。戦略上の失敗要因としては、あいまいな戦略目的などとともに、「空気の支配」による、主観的で帰納的な戦略策定という指摘が出てきます。

また、組織上の失敗要因としては、人的ネットワーク偏重の組織構造や、プロセス・動機重視の評価などが取り上げられます。

そして、結びとしては、戦略面と並んで日本軍の失敗の本質であるその組織構造について、戦後に否定・革新された部分がある一方、連続的に継承された部分もあり、「高度情報化や業種破壊、さらに、先進地域を含めた海外での生産・販売拠点の本格化など、われわれが得意とする体験的学習だけからでは予測のつかない環境の構造的変化が起こりつつある今

日本軍と米軍の戦略・組織特性比較

分類	項　目	日本軍	米　軍
戦略	1　目　　的	不明確	明　確
	2　戦略志向	短期決戦	長期決戦
	3　戦略策定	帰納的（インクリメンタル）	演繹的（グランド・デザイン）
	4　戦略オプション	狭　い —統合戦略の欠如—	広　い
	5　技術体系	一点豪華主義	標準化
組織	6　構　　造	集団主義（人的ネットワーク・プロセス）	構造主義（システム）
	7　統　　合	属人的統合（人間関係）	システムによる統合（タスクフォース）
	8　学　　習	シングル・ループ	ダブル・ループ
	9　評　　価	動機・プロセス	結　果

（出所）野中郁次郎ほか『失敗の本質』（中公文庫）

日、（略）異質性や異端の排除とむすびついた発想や行動の均質性という日本企業の持つ特質が、逆機能化する可能性すらある」とされています。

この本が出たのは、まだ、日本企業が世界市場を席巻し、日本的経営の良さが経営学の世界で注目されていた頃（1984年）のことです。その後のIT・デジタル化の進展やグローバル競争激化の中で、日本企業が苦戦を強いられていることを考えると、本書は、まさに予言の書になったわけです。

日本企業は海外M&Aが苦手なのか

「海外での生産・販売拠点の本格化」(『失敗の本質』)のために、今、日本企業が積極的に取り組んでいるのが、海外M&Aです。少子化・人口減少による国内市場の成長限界が見える今、豊富な手元資金の活用先としてM&Aに目を向けるのは、当然の行動といえます。

M&A助言のレコフの調べでは、日本企業による海外企業を対象としたM&Aは、2017年に件数が672件(前年比+5・7%)と、過去最多を更新しました(金額は7兆4802億円で前年比マイナス29・3%)。

ただ、そうした中で取り沙汰されるのが、相次ぐ大企業による海外M&A絡みの損失発生や不正会計です。例えば、15年以降の3年間でも、キリンホールディングスにおけるブラジル子会社(約1100億円)、LIXIL(リクシル)の中国子会社(約660億円)、東芝の米国原発子会社(約7100億円)、日本郵政の豪トール社(約4000億円)、富士フイルムホールディングスにおける富士ゼロックスの海外子会社(375億円)、リコーのインド子会社(約360億円)、資生堂の米子会社(655億円)などの事例が話題となりました。このため、日本企業は海外M&Aが苦手、という印象が一般に強まったことは否定できません。

こうした中、経済産業省は、17年8月、「我が国企業による海外M&A研究会」を設置することを公表し、11月には、(独法)経済産業研究所(RIETI)との共同シンポジウムが開催されました。そこでの、同研究会座長で早稲田大学商学学術院の宮島英昭教授のプレゼンテーションによると、研究会では、海外M&Aを実行していく上で、「必ず留意すべき点」を整理・明確化し、今後の日本企業による海外M&Aを後押しするとのことです。

ちなみに、JT(日本たばこ産業)や日本電産、ブリヂストン、ダイキンなど、海外M&Aを通じて大きく成長してきた日本企業もあり、研究会やシンポジウムでは、これら企業の代表者を招いた事例研究が行われています。

「お任せします、よろしく」で失敗する日本企業

これまで指摘されてきた日本企業による海外M&Aの問題点は、主に2つあります。

ひとつが、相手方企業・市場の実態把握や事前の戦略すり合わせが不十分で、結果的に「高値掴み」(後に減損処理が必要)になっている点です。国内に比べて、情報の非対称性が高い海外案件において、海外戦略を積極化しようとの意欲が強いあまり「始めに買収ありき」

のスタンスで臨むと、思わぬ失敗をするということです。

もうひとつは、PMI（ポスト・マージャー・インテグレーション）と呼ばれる、M&A後の統合プロセスです。信頼や相手方の心情を重視する日本人は、「お任せしますから、よろしくお願いします」とばかり、細かいことに口を挟んだり、検証プロセスを徹底しない結果として、あとから「期待はずれ」「裏切られた」と感じることがあるということです。いわゆるガバナンス問題です。

ガバナンスが不十分な場合、単に不正会計が見抜けないというようなことだけでなく、グループ全体として中長期的なシナジー（相乗効果）を見込めないことにもなります。

では、やはり、「日本企業は海外M&Aが苦手」なのでしょうか。

結論からいえば、前述のように、日本企業でも海外M&Aに成功しているところはありますし、逆に欧米企業で失敗しているところもあるので（例えば、前述のように独ダイムラー・ベンツは米クライスラーと合併しましたが、統合に失敗し、その後同社を分離、クライスラーは伊フィアットの傘下に入りました）、一概に日本企業だから苦手とはいえません。

しかし、海外を志向する割にはM&Aの手法に精通していない先は多いと考えられ、何より、M&Aを通じて得た海外子会社をマネージできる人材が十分に育っていないとの指摘が多くみられます（例えば、17年6月6日付、日本経済新聞「経済教室」の宮島英昭教授『海外M&Aの統治を問う』）。

その意味では、「日本企業がグローバル化を本格的に進める上での準備が整っていない」ということに尽きるようですが、これは自ずと時間が解決すると考えてよいのでしょうか。この点、鍵になるのが、やはり国民性とか企業文化です。

異文化との接し方

「空気の支配」を含め、日本人論の中で取り上げられた日本人や日本の組織の問題点を別の言葉で言い換えるならば、「内向きの発想」ということではないでしょうか。客観的・合理的評価の欠如、組織の利害や発想を優先、異質性の排除などは、ある意味、ホフステード指数で日本人のスコアが高かった、「不確実性の回避」につながります。

山本七平の『日本人とユダヤ人』の前後に出版され、話題になった日本人（社会）論に、文化人類学者の中根千枝による『タテ社会の人間関係』と『適応の条件』（いずれも講談社現代新書）があります。「タテ社会」という意味は、ホフステード指数でいう「権力格差」(Power Distance) の意味ではなく、集団や共同体という「場」を強調する社会ということです。結果として、「身内」と「ヨソ者」との区別、集団内での平等主義、リーダーシップの制約などが生じるとし、こうした組織の特徴は、集団の意見統一ができやすく、理想的に機能したときには強みを発揮するが、大きな変化に直面し、迅速に行動しなければいけない場合には、困難が生じると論じました。

『適応の条件』では、さらに、異文化に接した際に日本人が受ける「カルチャー・ショック」とそれへの対応としての自文化への逃避、「ソト」への関心のなさが生む認識のギャップ（現場からの乖離を含め）などが、国際化を阻む要因になっていると指摘します。

慶應義塾大学大学院の清水勝彦教授は、『あなたの会社が理不尽な理由』（日経ＢＰ社）の中で、日本のグローバル化の課題として中根千枝の『適応の条件』を紹介し、40年前の日本人論や、中根のカルチャー・ショックに関する観察が、今でもそのまま当てはまるという現実に、「驚愕した」と記しています。私も、若い頃に読んだ、精神医学者の土居健郎による『「甘え」の構造』（弘文堂）に描かれたことが、今でも通用することに「愕然とする」ことがあります。

読者は、そろそろ改めて、日本人や日本の組織の特徴について考えさせられたと思います（「ウチの会社」という、普段何気なく使う言葉の意味合いを含めて）。

こうしてみると、「群れを嫌い、権威を嫌い、束縛を嫌う」ドクターXの大門未知子が、いかに日本人離れしているか、逆になぜ人気があるのかが、よくわかります。自分が理不尽に感じていることや、変えたくても変えられない周囲のモヤモヤを、スパッとメスで切り刻んでくれる未知子は、やはり日本におけるスーパーヒーロー（いやヒロイン）なのです。

前述の経済産業省とRIETIとの共同シンポジウムの中で、ドイツの大企業であるボッシュのグループ会社社長によるプレゼンテーションがありました。ボッシュは、自動車用機器をはじめとする多分野でトップシェアを競う総合メーカーで、M&A等を通じ全世界で従業員約39万人、60カ国に440の法人、280の生産拠点を持つ、文字通りのグローバル企業です。このグループ会社社長自身、日本での医薬品検査機械事業買収のM&Aプロジェクトリーダーを務めたそうです。

プレゼンテーションの中で紹介されたのは、創業者ロバート・ボッシュから現在も受け継がれ、全社的に共有される経営理念（ボッシュ・バリュー、20世紀初頭としては珍しい「社会的責任」を含む）が存在し、その中に「文化的多様性」の尊重が含まれること、自身の日本でのM&A活動の中でPMI（ポスト・マージャー・インテグレーション）に注力したことなど、グローバル化に欠かせない事例ばかりでした。

ダイバーシティ（多様性）は、性別や国籍を問わず、人々が活躍する社会、組織のあり方として流行語になっていますが、目的、形としての多様性を目指すだけでは十分でないとよくいわれます。真のオープンネス（Openness）、相互理解ができるかどうか、まさに今、日本企業が問われています。

海外M&Aやグローバル展開をする上での4つの視点

まとめとして、日本企業による海外M&Aやグローバル展開と、その中での国民性（および企業文化）の問題に関する筆者の意見を述べます。

第一に、前述した日本企業による海外M&Aの課題、すなわち、M&Aを行う際の適正な事前評価や、海外子会社に関するガバナンスの確立は、最低限必要なことといえます。

ガバナンスについていえば、約10年前、米でのサブプライムローン問題に絡んで欧州の大手金融機関が多大の損失を計上した際、グローバル管理体制の不備が問題となりました（米系も同じ問題を抱えていましたが）。日系金融機関が、海外法人ごとのタテ組織を重視する体制であったのに対し、欧米の外資系金融機関は、部門ごとに本部に直結するレポーティングライン中心の管理体制になっていました（このことが、中根千枝が指摘したタテ社会、ヨコ社会論と関係するかどうかはわかりませんが）。

結局、金融技術革新による複雑化と市場のグローバル化が同時に起こっている中では、タテ、ヨコのメッシュによる重層的な管理が必要ということになりましたが、当然、こうした体制を整えるにはコストがかかります。逆にいえば、コストを負担できるだけの資本力が、本格的な国際化の前提になります。金融以外の産業分野についても、同じことがいえるでしょう。

第二に、その上でＭ＆Ａ全般にいえることですが、海外の場合、とくに短期的な業績のみでその成否を論じてはならないということです。国民性の面でも企業文化の面でも異文化の交流には、それだけ時間がかかります。今では世界でトップのタイヤメーカーであるブリヂストンも、１９８８年の米ファイアストン買収後は、同社製タイヤのリコール問題でその成否を問われ、一時は本体も存亡の危機を迎えたとまでいわれるほどでした。グループ全体の業績に本格的に貢献し始めたのは、ずっと後になってからです。

17年12月４日付、日本経済新聞の「経営の視点」（松尾博文編集委員）では、「住友化学とサウジの15年」と題して、同社とサウジアラビアの国営石油会社アラムコとの合弁事業が取り上げられています。安定操業に至るまでの長い道のりは「人を育てる時間だった」という、同社石飛会長の言葉が紹介され、「時間と我慢」の必要を訴えています。

第三に、前述したバンカジ・ゲマワットによる、海外進出における彼我の距離（Distance）を計る上でのＣＡＧＥフレームワークの最初にあるように、文化（Culture）の視点が欠かせないことを、あらためて強調したいと思います。このことは、文化の多様性に対するオープンネス、あるいは、インクルージョン（直訳すると包摂。多様な人材を活かすという意味で、最近、ビジネス用語として用いられます）だけでなく、しっかりとした企業文化を共有するという観点でも重要になります。

先のボッシュ社もそうですが、グローバル企業として成功を収めているところが、世界共通の企業理念や行動憲章（多くは創業以来）を採用し、その定着に努めていることは、よく知られています。その場合、国内で企業理念を共有する際とは次元が違う、「異文化」人材の接着剤としての機能を果たします。

ＩＫＥＡ（イケア）が今日、家具チェーンとしてグローバル企業の地位を築いたのは、単にそのビジネスモデル（徹底したセルフサービス、顧客のためのカフェ・託児所付きの広大な店舗、独自のデザインによる低価格・モジュール式組み立て家具、そのための世界的なサプライ・チェーンなど）だけではなく、創業者以来引き継がれた経営理念にあるといわれます。

ドイツ人ジャーナリストのリュディガー・ユングブルートによる『ＩＫＥＡ　超巨大小売業、成功の秘訣』（日本経済新聞出版社）では、イケアを成功に導いた要因は企業文化であり、それを支えるのが、できるだけ多くの人々に、形の美しい機能性に富んだ家具インテリアを提供したいとの思いであるとします（彼の表現によれば、「今のイケアは、経済のみならず文化のうえでもグローバル企業になった」）。

最近、「21世紀の日本的経営を考える」をテーマにしたシンポジウムを聞く機会がありました。その中で、マネジメント論で有名なカナダ・マギル大学のヘンリー・ミンツバーグがビデオ出演したのですが、イノベーションを生む企業文化として、イケアが紹介されました。彼曰く、イノベーションとは、チャイコフスキー（のような天才）が曲を作ることではない、「面白い」「やろう」という気持ちを現場から幹部まで持つことから生まれるものであり、まず既存のテーブルを壊してみる、そうしたイケアの文化が家具ビジネスそのものを変えた、とのことでした。

第四に、これまで述べたことと逆説的ですが、一方で、決して国民性や企業文化の違いを過大視すべきではなく、海外進出にせよ海外Ｍ＆Ａにせよ、最終的な成否は戦略的意思決定の妥当性にかかっており、仮に失敗した場合、それは優れて経営判断の問題と考えるべきだということです。この点、不祥事における企業風土の問題と類似します。

ホフステード指数は、もともと曖昧な概念であった国民性を定量化し、企業文化を考える上で画期的なものであったわけですが、数的、質的な面でサンプリングには議論の余地がありますし、イタリア人的なイメージの日本人もいれば、その逆もいます。その際、国民による行動様式や価値観の違いについて、暗黙裡に「正規分布」(平均値を中心にした左右均等の釣鐘状の分布)を仮定し、平均値の距離や分布の重なり具合で異文化論を展開しますが、そもそも各々の集団が、文化的に正規分布かどうかもわかりません。

また、日本人による空気の意思決定という議論などにも、本当にそうだと感じる反面、米欧心理学においても、集団における意思決定には「グループシンク」(集団浅慮)という、有名なバイアスが存在することが知られています。グループシンクとは、集団で意思決定する際には不合理な決定がなされやすいことを指し、アメリカの心理学者のアーヴィング・ジャニスが、大統領とそのスタッフによる失敗例の数々を示し、話題になりました。

結局、国民性や文化については、どうしても限られたサンプルでの議論になりやすく、行動経済学でいうヒューリスティクス(近道選び)の罠に陥るリスクもあります。それだけ、マーケティング・リサーチはきめ細かなものである必要があります。マネジメントも同様です。

その上で、他の諸々の要素と併せて総合判断をするわけですが、異文化という要素を織り込むとはいえ、基本的には、国内で他の市場や事業分野に進出する際と同じプロセスが求められます。その中で、結果としての判断における文化的要素は、相対化されていくともいえます。

アメリカで問題になったフォルクス・ワーゲン（ＶＷ）のディーゼル車排ガス不正問題の背後には、同社の北米戦略の失敗（ＳＵＶや大型セダンの出遅れ）があり、東芝の米原発子会社がもたらした損失も、福島第一原発事故後における原子力事業傾注という、戦略の失敗が顕在化したものであり、いずれも、失敗の本質は、海外事業や海外Ｍ＆Ａに伴う文化的性格のものではなく、両社の戦略的意思決定上のミスであるといえます。

「おもてなし」の正体

企業文化から少し離れますが、それとも関係がある「日本文化」について、若干考えてみましょう。

インバウンド観光の勢いが止まりません。訪日外国人客数（推計）については、毎月、日本政府観光局から公表されています。それによると、2017年の年間訪日客数は2869万人と、過去最高だった16年の2404万人を2割近く上回りました（15年1974万人、10年861万人）。これについては、日本の文化や自然が外国人にとって非常に魅力的だからと解説され、外国人へのインタビューなども交え、彼らが日本観光を楽しむ姿が映像で繰り返し流されます。最近は「コト消費」も注目され、そうした中で、日本人による「おもてなし」の効果が強調されます。

ダボス会議で有名な世界経済フォーラム（WEF）は、ほぼ隔年で、「旅行・観光競争力レポート」を発表しています。同レポートでは、各国・地域の「旅行・観光競争力指数」を算出し、そのランキングが出ます。日本は、17年版において総合4位と、15年の9位から大きくランクアップし、話題になりました（13年14位、11年22位）。同指数は、多くの評価項目から構成され（大・中・小と分かれている）、その中で日本は、15年も17年も「おもてなし」で世界1位になったことが、日本は「おもてなしの国」論の根拠に使われます。

たしかに、2020年のオリンピック・パラリンピック開催地を決定するIOC総会において、「お・も・て・な・し」のフレーズが日本チームにより使われたことによって、「そうだ、日本は『おもてなしの国』なのだ」と、あらためて気づかされた方も多いと思います（私もそのひとりです）。では、本当にそう考えてよいのでしょうか。

まず、世界経済フォーラムの指数をよくみると、「おもてなし」として紹介されるのは、「旅行・観光を可能にする環境」項目中の「人的資源と労働市場」項目中の「顧客対応度」（Treatment of Customers）です。その指数のもとになるのは、世界経済フォーラム自身が行っているExecutive Opinion Surveyで、世界の経営者に対して、リスク要因を含むビジネス環境について質問しています。そのひとつが「顧客対応度」です。したがって、一般の観光客が感じる「おもてなし」や、その言葉で抱くわれわれのイメージと若干異なる、時間の厳守や対応の公平性などを含んでいる可能性があります。

実際、高級ホテルやリムジンに縁のない大学教員や学生に、海外旅行や研修を終えたあとの感想を聞くと、残念なことに、海外の方が「おもてなし」の面で優れているとの答えが多く聞かれます。

日本の経済・社会・文化に詳しい、小西美術工藝社代表のデービッド・アトキンソンさん（私にとっては、1990年代前半、氏がゴールドマン・サックス時代に作成した、日本の不良債権問題の実態に関するレポートが衝撃的でした）は、『新・観光立国論』（東洋経済新報社）において、今はやりの「おもてなし」に大きな違和感を抱いていることを書いています。すなわち、日本人が「おもてなし」と思うことは、日本人同士のものとして成立しており、価値観の異なる外国人がどう思うかは別問題だというのです（場合によっては、形の「押し付け」になっている）。

「一人よがり」になりがちな日本人とは、前に山本七平の書のところでも触れましたが、アトキンソンさんは、日本人の「おもてなし」論を聞いていると、公平で見返りを求めない「奉仕の心」のイメージがあるが（IOC総会におけるプレゼンテーションの中では、はっきりと、「見返りを求めないホスピタリティの精神」と紹介されました）、それはナンセンス、「お金を落としてもらうだけの高品質なサービス」が大事だと説きます。

実は、これは、現在の日本経済や日本企業が抱える「低生産性」、さらには「働き方改革」の議論につながる重要な論点です。求められていない、さらにいえば、追加の料金を払ってもらえないサービスを、「和の文化」と称して提供し続けるのは、文字通り「報われない」可能性があります。

これは、物価の議論に絡むかもしれません。大規模な金融緩和にもかかわらず物価がなかなか上昇しない背景には、経済のサービス産業化が進む中において、「サービスは無償」との暗黙の価値観が存在し続けていることがあるのかもしれません。

なお、アトキンソンさんは、近著の『新・所得倍増論』（東洋経済新報社）で、この生産性の問題を正面から取り上げ、戦後、人口増加による恩恵（人口ボーナス）のもとで形成された経済システムを変える必要を説きます。その中では、「責任をあいまいにする文化」や「検証しない文化」は人口激増時代の産物であり、日本に老舗が多いのは、「変化や改革を嫌う文化」の副産物であるとの仮説も提示しています。

文化的要素は至るところで関係するだけに重要である、しかし、実証や定量化が難しいので、取り扱いが難しい、とつくづく思います。

「グローバル人材」をどこまで育てられるか

これまでの議論にあったように、日本企業のグローバル化に欠かせないのは、やはり「人」です。マーケティングにせよマネジメントにせよ、「異文化」を考慮することには、プラスアルファのものが求められます。私は、基本的にそれは「センス」であると考えますが、ケース・バイ・ケースで、専門的知識であったり経験であったり、とくに必要とされる要件が変わってくるでしょう。では、グローバル化に向けて、今の日本で順調に人材が育っているのでしょうか。

結論からいうと、否定的な見解が目立ちます。

まず、企業現場ですが、例えば、デロイト トーマツ グループが毎年行う「CFOサーベイ」（最高財務責任者に対する経営環境及び課題認識調査）における、グローバル化において対応すべき課題の中で、初回の2013年以来5年連続で「グローバル化をリードする人材の獲得・育成」がトップになっているように、人材育成は喫緊の課題として認識されています（3つ選択で17年は66・7%、次点は「経営資源の最適分配と収益性の向上」の55・0%）。

こうした懸念は、経済界による政策要望ともなり、2010年代に入り文部科学省は、日本学術振興会を通じて、「グローバル人材育成推進事業」（2014年度から「スーパーグローバル大学創成支援事業」）や「大学の世界展開力強化事業」などを創設、大学に対し選別的に助成金を支給しています。大学自体も、世界の大学ランキング（複数あります）において、日本の大学の順位が下がってきたことから、産学官の危機感は共有されていると考えられます。

こうした政策は、国内トップ集団の強化を通じて、「国際大会で勝てる」選手（大学も個人も）を輩出することを目指していますが、一方で、「日本人全体のグローバル人材度を底上げ」する重要性を指摘する声もあります。A・T・カーニーの小林暢子パートナーは、「国産グローバル人材育てる政策を」（日本経済新聞17年9月4日付「私見卓見」）において、ハーバード・ビジネススクール出身の超グローバル人材と一般国民が断絶している米国に比べ、「団子」状態の日本人の方が、全体として向上の余地が大きく、英語以上に「深い見識と開かれた態度」を養う教育が必要との見方を示しています。

グローバル人材の育成に限らず、教育水準の向上には、先頭集団による「牽引型」と、より幅広い「底上げ型」のいずれもが必要でしょうが、自身の経験に照らしていえば、後者に関して、若い人の「内向き」思考が強まっていることを、とくに危惧しています。

最近、留学希望の学生が減っていることはよく知られていますが、背景にあるのは、経済的なことだけではなく、異文化や未知の世界に対する好奇心（ワクワク感）を持たなくなったことが挙げられます。もしかしたら、これは若者の車離れと共通しているかもしれません。彼らは、スマホを通じた仮想現実でかなり満足しているのでしょうか（事実そうです）。

これには、少子化、人口減少の影響もあると思います。就職の際、「地元を出たがらない学生」に理由を訊ねると、あまり積極的な理由はなく（就職活動の際には、異口同音に「地域に貢献したい」と言いますが）、自身の安定志向と、周囲から同一生活圏でいることを期待されていることが、主な理由となっています。何とか人口減少に歯止めをかけたい自治体が、地元での就職を応援します（場合によっては、大学も）。

およそ人材育成という観点からは、国や地域にしばられた発想は持つべきでなく、一人ひとりの中での多様性を豊かにしながら、グローバル化やローカル化を図っていけばいいと思います。私自身は、地元が好きなら一度、外の世界を経験してごらん、その方が、地元の良さや足りないところがよくわかり、発想が広がるからといっています。

では、仮にグローバル人材が首尾よく育った場合、日本企業のグローバル化が加速し、真のグローバル企業が誕生するのでしょうか。

前述の入山章栄准教授『ビジネススクールでは学べない世界最先端の経営学』では、実証分析の結果、「北米」「欧州」「アジア・太平洋」の3極でまんべんなく成功している「真のグローバル企業」は、世界中にわずかしか存在しないとする論文を紹介し、自社の強みがどの地域に向いているか考えて、国際化における戦略や資源配分を考えていくことが重要だと結論づけています。この意味で、単純に世界中どこでも成功するという意味でグローバル企業を捉えるのではなく、自分なりのグローバル化を目指せばよいということになります。

ちなみに、代表的なグローバル企業ネスレの日本法人高岡社長の著書『ゲームのルールを変えろ―ネスレ日本トップが語る新・日本的経営』（ダイヤモンド社）に出てくる話です。ネスレの幹部になるには、世界35万人の従業員のうち、わずか500〜600人しかいないエリート中のエリートである「インターナショナルスタッフ」になる必要がありますが、これになると祖国に戻れない、逆にいえば、「もし祖国に戻りたければ、その地位を放棄する必要がある。そこまで徹底的にグローバル人材を作り上げるのが、ネスレという企業グループの理念」なのです。

この地位の人の割合は、約0・15％、1万人あたり15人です。これだけの覚悟のある（レベル感の高い）人材を10人でも揃えられる企業が、どれほどあるでしょうか。「真のグローバル企業」への道はそれだけ険しいということでしょう。

同様に、グローバル人材についても、その定義や概念をあらためて考える必要がありそうです。外国語に堪能であることや海外に関する知識を有することが、少なくとも必要条件であるように思われていますが、大事なのは「自分の頭で物事を考え、（何語であろうが）自分の言葉でそれを伝えられる人」だと思うのですが、いかがでしょうか。

コラム

米国軍隊の強さの秘密

かねてより、アメリカ軍の中でも最強といわれるのが、アメリカ海兵隊です。第二次世界大戦で日本軍は、ガダルカナル、タラワ、ペリリュー、硫黄島、沖縄と、太平洋の島々を巡る重要な戦いで悉く敗れ、いわば、海兵隊は憎き仇同様の存在でした。『失敗の本質』(中公の野中郁次郎氏は、アメリカ海兵隊の組織論的研究でも知られ、『アメリカ海兵隊』(中公新書)や『知的機動力の本質』(中央公論新社)などの著作があります。

『アメリカ海兵隊』では、海兵隊の歴史が述べられ、彼らが全体として、存在理由や任務に応じて変化する、「自己革新」の組織であったことが示されます。

『知的機動力の本質』では、常に多様で不確実性の高い戦い(とくに水陸両用作戦)を強いられてきた海兵隊が、リーダーのみならず構成員一人ひとりが、環境変化や組織の動きを敏感に感じとり、戦略や戦術をダイナミックに変えつつ組織的に行動していく、そのためのシステムが詳細に説明されます。そこでは、単なる体力、胆力、武器の優位性だけでなく(海兵隊と聞くと、われわれはつい、ブート・キャンプで鍛え上げられた「マッチョ」を連想しますが)、高度な専門的職業意識のもとで、「暗黙的なコミュニケーション能力」

が期待されます。そして、こうした能力が組織的に定着した状態を指すのに、「文化」という言葉も使われます。

野中名誉教授には、こうしたアメリカ海兵隊が持つ「強み」が、不確実性の中で絶え間ないイノベーションが求められる今の日本企業にとって必要であると同時に、もともと暗黙知が得意とされてきた日本企業にそれができないはずがないとの思いがあるようです。

第二次世界大戦の勝敗を決めた要因は、圧倒的な国力と軍事力、技術力の差と一括りにされがちですが、技術力に関し、連合軍の様々な「現場主体のイノベーション」を取り上げたのが、歴史家ポール・ケネディの『第二次世界大戦　影の主役』（日本経済新聞出版社）です。

国際政治経済や戦略史を専門とする彼が行ったのは、有名な軍事作戦や戦争指導者、個々の卓越した兵器や技術などに焦点を当てるのではなく、民間と軍双方の小規模な集団や組織の創意工夫がいかに問題解決に役立ったか、それがどれだけ戦争の帰趨に影響を与えたか、を示すことでした。すなわち、ソリューションビジネス的発想と、それを担う人々や組織がなければ、経営戦略の実現や経営資源の十分な活用はできないということです。

彼が取り上げたのは、ドイツ海軍のUボートを探知・撃沈し、米国からの輸送船団が無事に大西洋を渡れるようになるまでの、思いつきに端を発する様々な取り組みや、連合国空軍がドイツ上空での制空権を確保するのに決定的な役割を果たした戦闘機が、実戦配備され運用されるに至るまでの小さな集団の努力といった、１９４３年から44年にかけての5つのエピソードです。太平洋ではアメリカ海兵隊が主体となる水陸両用作戦のパフォーマンスが、過去の上陸作戦の失敗を教訓に、戦局を一変させるまでに向上したことが、その中に入っています。

それらから導かれたことは、成功した体制には、上層部、中間層、末端のあいだに、よくできた情報や連絡の循環（フィードバック・ループ）があり、進取の精神、新機軸、創意工夫を活発にしたために成功したこと、また、そういう体制は、問題を解決する人々を奨励して、容易には解決できそうにない難問に取り組ませたということでした。

とくに、中間層の人々が自由に実験したり、着想や意見を口にしたりして、旧来の組織の垣根を取り払うことや問題解決にいそしむことを「容認し、奨励する」文化の重要性を強調します。残念なのは、この点で日本は最悪だったと評されていることです。奨励の文化がないところは、内向きで柔軟性を欠き、外部環境の変化についていけません。そこではイノベーションが生まれにくいのです。

ペンシルバニア大学ウォートンスクールのアダム・グラント教授は、「同調しない組織文化のつくり方」（DIAMONDハーバード・ビジネス・レビュー2016年8月号所収）の中で、似たような例を紹介しています。

ここで取り上げられたのは、最近のアメリカ海軍でのエピソードで、ある若い将校を中心とするボトムアップにより、海軍内にイノベーションの大規模なタスク・フォースが立ち上がったというものです。彼は、あえてやっかい者（調和を乱す行動の前歴がある者）を集め、彼らを使って独創的思考を持つ者のネットワークを作り、海軍の固定観念に働きかけ、イノベーションと変化をもたらしたとされます（例えば、船上での3Dプリンターや、ステルス潜水任務でのロボットフィッシュの使用など）。

さらに、その将校が語ったこととして、「文化こそ王様です。自分の意見を持つようになった彼らを、もはや止めることはできません」という話を紹介します。

グラント教授は、一般スタッフに対して、イノベーションの機会や権限をきちんと与えていないリーダーが多いとします。イノベーションは、特別な才能を持つ人が行うというのは思い込みであって、実際には、ほとんどの人が、斬新な思考や問題解決という点で相当優秀な力を持っており、組織が「調和の押しつけ」を行っていることが、そうした能力の発揮を妨げているというのです。たしかに、私も、学生の一見突拍子もないアイデアに、あとで感心することが、よくあります。普段、調和を押しつけていることはないと、自分では思っていますが。

そして教授は、起業家の中でも長期にわたって成功しているのは「リスク回避型」の人々であり、そうでない人々（異才）は、華々しく活躍しても短期で終わるとも述べています。

よく、スポーツの世界などで、日本人は集団戦を得意とするというようなことがいわれますが（１９８０年代までの日本企業、とくに製造業の躍進の理由にも挙げられたことがあります）、米国軍隊に関する諸々の記述を読むと、それは単なる思い込みであり、「個」を発揮させる組織や社会の方が、集団戦でも強いのではないかと思います。

第 4 章

京都の会社と
名古屋の会社、何が違う？

――地域性が生み出す文化

京都企業は個性が豊か

日本、いや世界中で京都ほど話題の尽きない場所も珍しいでしょう。単なる古都ではなく、絶えず進化を続ける街であり、およそ観光客には窺い知れない奥の深い魅力を秘めています。『京都ここだけの話』や『おどろき京都案内』（いずれも日経プレミアシリーズ）といった本が次々に刊行されるわけです。

どこか伝統に根ざしていながら、すぐれて「独創的」といわれるのは、企業経営も同じです。随分昔の話ですが、日本銀行京都支店に勤務していた頃、産業調査を担当していました。地元の企業を訪問して話を聞いたり、アンケート調査を行ったりして、企業動向や管内景気を把握、支店長や本部に報告するのが仕事です。京セラ、島津製作所、ワコール、任天堂、村田製作所、オムロン（当時は立石電機）、ローム（当時は東洋電具製作所。この名前を知らない方は多いと思います）など、個性豊かな企業がキラ星のごとく存在しており、これらの企業を調べることには単なる産業調査を超えた楽しみがありました。

担当していた企業のひとつに、堀場製作所があります。故・堀場雅夫氏が、当時珍しい学生起業して立ち上げた会社で、今では、世界的な計測機器メーカーとなっています。現社長の堀場厚氏は、著書『京都の企業はなぜ独創的で業績がいいのか』（講談社）の中で、企業経営の文化的側面を取り上げます。地域には、室町時代から約500年の歴史を持つ職人文化が根差しており、それが、現場でのアイデアを洗練させる高度な技術力に結びついている、さらに、企業は、これによる自らの強み（経営学でいうコア・コンピタンス）に磨きをかけることにより、差別化、高付加価値経営を可能にしていると説きます。

氏は、留学を含む豊富な海外経験を基に、相手の価値観や文化を認めることの重要性に気づき、それは、京都に昔からある「共生」の考え方にも通じるとします。ちなみに、同社は、ウェブサイトで自社の企業文化を紹介するコーナーを設けており、「おもしろおかしく」という、堀場雅夫氏が作った社是の紹介と、世界中のグループ従業員が、国籍や文化を超えた意識の一体化を図るための歌を製作したことなどが、紹介されています。

私が京都支店にいた頃、精密小型モーターを作るユニークな中小企業として知られていた日本電産は、その後の積極的なM＆Aで急成長を遂げ、今では、連結ベース売上高が1兆円を超える総合モーターメーカーとなりました。新幹線で大阪方面から京都市に入ってすぐ右手に、高層の本社ビルがそびえています。かつて私が担当していた変減速機メーカーのシンポ工業もその傘下に入り（現・日本電産シンポ）、その本社跡地に日本電産の本社ビルが建っています。

日本電産は、創業者であり経営トップの永守重信氏の強烈な個性がよく知られています。「永守イズム」と呼ばれる、旺盛なチャレンジ精神と、率先してハードワークをいとわない仕事に対するひたむきな姿勢は、とかくトップダウンでリーダー優先の企業風土を連想させます。しかし、同社を取材したマスコミによれば、企業活力として組織の絆を重視しており、「果敢な挑戦の過程での失敗は、成功への糧として、復活できる風土」があることも認めています（日本経済新聞社編『日本電産　永守イズムの挑戦』、日経ビジネス人文庫）。

売上高1兆円の世界的企業となった同社において、これからどこまで永守イズムを実践できるのか、そこでいかなる風土が醸成されるのか、大変注目されます。

京都市の東、平安時代から歌に詠まれた逢坂山（峠に築かれた逢坂の関で有名）を越えれば、滋賀県大津市です。滋賀県、かつての近江国は、都に近い交通の要衝の地として、たびたび歴史に登場します。

こうした地の利を活かして、とくに近世以降事業を全国展開したのが、いわゆる近江商人です。その近江商人の行動憲章としてよく知られているのが、「売り手よし、買い手よし、世間よし」の三方よしです。自分が儲けることだけを考えるのではなく、取引の相手方や地域社会のことまで考えて商いをしなさいという哲学は、ウィン・ウィンの関係や、ＣＳＲ（企業の社会的責任）までも連想させます。

韓国出身の比較文化学者である呉善花（オ・ソンファ）氏が、日本の商業文化について書いた『日本にしかない「商いの心」の謎を解く』（ＰＨＰ新書）の中でも、近江商人のことが出てきます。そこで触れられているのは、「三方よし」の経営理念とともに、定宿と呼ばれる今でいう代理店網を整備し、商品の流通や情報の交換にあたったことや、関東の醸造業などの地域産業に投資したこと、当時としては珍しい複式簿記を使用していたことなど、近江商人の先進性です。

後の高島屋百貨店（社名は高島郡に由来）や伊藤忠商事（近江出身の初代伊藤忠兵衛が創業）など、近江に縁を持つ大企業は多く、企業文化が地域に根差した京都と違い、近江商人のＤＮＡは、ビジネスを通じて全国にばらまかれたというべきでしょう。

「モノづくり県」とトヨタ――愛知県

地元以外の人にとってイメージしにくい県名や地名があります。私の自宅は横浜市にあり、したがって私は神奈川県民ですが、どちらから来たのかと問われ、神奈川の名前を出すことはまずありません。横浜といえば、ああそうですかといわれるのに、わざわざ神奈川といって、はて神奈川ってどこだっけという顔をされるのが面倒だからです（一方で、横浜から来ましたという観光客に、よくよく聞いてみると、周辺の大和市や相模原市だったりするときがあり、正直、違和感を覚えます）。

愛知県と名古屋市の関係も似たところがあります。愛知県といってピンとこない人も、名古屋と聞けばわかります（ちなみに、私の大学のある九州には、名古屋県という県が存在すると思っている人が少なからずいます）。

愛知県のわかりにくさは、名古屋があまりにも有名だということに加えて、その成り立ちにも起因します。現在の愛知県には、昔、尾張（県の西部、名古屋市が存在）と三河（県の中部から東部、豊田市や豊橋市が存在）という2つの国がありました。歴史的には、織田信長が尾張の出身であるのに対し、徳川家康が三河の出身で、尾張が、熱田や津島の港を擁し商業が盛んで、進取の気性に富んでいるのに対し、三河は、農業主体で気性は保守的と、歴史小説などに書かれています。

しかし、事はそう単純ではなく、人口が集中した名古屋市の人（いわゆる名古屋人）の性格はより折衷的、すなわち、倹約に励み仕事は真面目で、デザインより実用性を重視する一方で、人目に触れるところは派手で、ブランド品を好み、結婚式にためらいなく大金を投ずるなど、複雑なところが特徴として描かれています（例えば、草思社『出身県でわかる人の性格』や文春新書『県民性の日本地図』など）。

経済の面では、愛知県は、いうまでもなくトヨタ自動車を筆頭とする機械メーカーが集積する「モノづくり」の県です。この点は、勤勉で合理的な地元の人の気質が反映しているといわれます。

トヨタ自動車について書かれた書籍は、枚挙に暇がありません。その中で、米国の経営学者が記したものとして注目されたのが、ミシガン大学のジェフリー・ライカーによる『ザ・トヨタウェイ』（日経BP社）です。原著の出版は2004年で、一見、1980年代以降盛んになった、日本式経営に関する研究（場合によっては礼賛）の延長線上にありますが、本書の特徴は、「リーン生産方式」や「ジャスト・イン・タイム」と表現される生産工程、カンバンやアンドンといった手法（これらについては、トヨタの公式サイトにも簡単な説明があります）そのものよりも、背後にある企業文化に焦点を当てていることです。文中に、「カルチャー」という単語が無数に出てきます。

ここでいうトヨタの文化とは、例えば、組み立てラインで何か問題が発生した場合、作業の中断により生産が止まることを管理者が心配しない、そして、作業者や管理者が、問題の原因を深く考え、根本的な解決策を一所懸命見出そうとする、これらは単にマニュアルに基づくスキルの集合やシステムの問題ではなく、カルチャーそのものだとします（＝トヨタウェイ）。

また、この文化は偶然にできたものではなく、意識して創り上げ、伝承してきたものであり、そのための人材養成にいかに注力しているかが記されています。さらに、その背後にあるのは、継続的学習や個人の尊重といった、理念や思想であり、源流となる豊田創業家の経営方針にも触れられています。

トヨタ自動車の創業が、豊田佐吉による織機の生産に遡り、その息子である喜一郎氏の代に自動車事業に進出したことはよく知られています。同社のサイトでは、企業理念のコーナーに、佐吉の遺訓を喜一郎氏や利三郎氏（喜一郎の義兄）らが「豊田綱領」としてまとめ、それが今日に至るまで、トヨタの経営の「核」として受け継がれている旨、掲載されています。ちなみに、1992年に策定された同社の「トヨタ基本理念」の中には、「個人の創造力とチームワークの強みを最大限に高める企業風土をつくる」ことが明記されています。さらに、この基本理念を世界中の社員に伝えるべく、2001年、「トヨタウェイ」が作成されました。

　グローバル企業となり、自動車メーカーとして世界トップの座を争うまでになったトヨタにとって試練とされたのが、２０１０年の大量リコールです。フロアマットに端を発し、電子制御装置の欠陥による急加速が問題視されたこの事件は、就任間もない豊田章男社長が米議会の公聴会に呼ばれる事態にまで発展しました。しかし、結局、米国家道路交通安全局（ＮＨＴＳＡ）や米航空宇宙局（ＮＡＳＡ）らによって、問題となったいくつかの事故がトヨタ車の欠陥によるものとの「証拠はない」と結論づけられました（11年2月）。容疑が晴れたわけです。

　ジェフリー・ライカーは、前述の『ザ・トヨタウェイ』に続いて、『トヨタ経営大全②企業文化』（日経ＢＰ社）で、より細かく文化を論じました。さらに、このリコール問題のあと、『トヨタ　危機の教訓』（日経ＢＰ社）を執筆し、他社に責任を転嫁せず、人間性を尊重する同社の企業文化が危機を脱するのに有利に働いたと論じました。

　おそらく、その企業文化が真に試されるのは、ＥＶ、自動運転やＡＩの活用といった、従来の技術が直ちには通用しない新たな領域に自動車業界が本格的に足を踏み入れる、これからだと思われます。後述するように、もはや「オープン・イノベーション」は、（常識すぎて）

死語になりつつあります。いずれにしても、トヨタの今後が、企業文化の観点からも大変注目されます。

地味にすごい！のは、広島のマツダとカープ

広島といえば、という質問に対しては、広島東洋カープやカープ女子、平和記念公園と原爆ドーム、お好み焼きとオタフクソース、宮島と厳島神社など、いろいろ浮かぶと思います（ここで「仁義なき戦い」を挙げる方は相当年配の方でしょう）。筆者にとっては、中学・高校の6年間を過ごした土地なので、思い出がたくさんあります。

ビジネス関係では、なんといっても、自動車メーカーのマツダでしょう。戦前、創業者・松田重次郎が東洋工業という名のメーカーを設立し、三輪トラックを生産、のちに四輪車を中心とする本格的な自動車メーカーとなりました（1984年に社名をマツダに変更）。

今日に至るまで、同社の経営には紆余曲折がありました。ロータリーエンジンと呼ばれる高性能エンジンを開発して脚光を浴びたのも束の間、1970年代入り後のオイルショックで、燃費が悪かった同エンジンの車は販売不振となり、一転経営危機に陥ります。メインバンクの住友銀行（当時）の人的・資金的支援を受けつつ、79年には米フォード社と資本提携を結びます。96年にはフォードの出資比率が、24・5％から33・4％に引き上げられるとともに、同社から社長を迎え入れます。当時としては（今でも？）珍しい外国人社長でした。

しかし、08年のリーマンショック後の不況の中で、フォードがマツダ株の売却を進めることになり、結局、15年に全株式を売却して資本提携を解消しました。同年トヨタとの間で業務提携を進めることで合意し、17年、アメリカでの合弁生産やＥＶ（電気自動車）の共同開発、相互に出資する資本提携（各５００億円）など、包括的な提携に踏み切りました。ＥＶでは出遅れましたが、燃費に優れたディーゼルエンジンの分野では日本メーカーの先頭を走るなど、今でもマツダの技術力には定評があります。

このマツダと広島東洋カープは、親密な関係にあります。

特定の親会社を持たない地元出資の球団として発足したカープが資金繰りに困り、選手への給料も遅配した頃、球場前の酒樽でのカンパを含むファンの寄附金などで、何とか乗り切ったという美談が伝えられるほど、カープは市民の球団というイメージがあります。たしかに、現在も、マツダを含め、赤字補填など資金提供を丸抱えでしてくれる親会社的な存在はありません。しかし、球団名に「東洋」の文字が残るように、マツダは大株主であり、なにより、創業家の松田家がカープの株式を相当程度持ち、オーナーを出しているなど、両者は一体の関係にあるといっても過言ではありません（ちなみに球団本拠地は、広島市のマツダスタジアムです）。

16、17年とセリーグを連覇した広島東洋カープの足跡については、カープ女子とともに、その過程でよく報道されました。１９７５年、山本（浩二）や衣笠といった名選手を擁し悲願の初優勝を遂げたあと、80年代にかけては、日本シリーズを含め何度かリーグを制覇しましたが、91年を最後に優勝から遠ざかり、２０１６年に25年ぶりにそれを勝ち取りました。親会社が存在しないカープは、資金力に物をいわせて、有名選手や大物外国人選手を獲得することができず、地道に選手を育成・強化するほかなかったといわれます。

マツダとカープの共通点、それは、必ずしも資金が潤沢でない中で、コツコツ技術力を磨く「地味にスゴイ！」（石原さとみさん主演のテレビドラマのタイトルの一部）ところにあると思います。

なお、広島発祥の企業といえば、青山商事やダイソー（百円ショップの草分け）などもありますが、かつて日本銀行に勤めていた私にとって縁の深いのは、日本一の金庫メーカーのクマヒラグループです（製造を担う熊平製作所の本社は今も広島市）。やはり、「地味にスゴイ！」といえます。

「富山の人は極力採らない」の真意とは

日本経済の低迷がいわれて久しくなりますが（最近、「失われた26年」という言葉が紙面で使われているのを見て、驚きました）、中でも、大都市圏に比べた地方の元気のなさが目立っています。その背景にあるのは、ひとつには、グローバリゼーションがもたらした産業構造の変化です。かつてのように、大規模な工場立地により地域振興を図るという、国土政策的ビジネスモデルは完全に崩壊しました。わが大分県でも、１９８０年代からの成長の立役者のひとつであった大手半導体工場が、ここ数年の間に撤退ないし縮小を迫られました。

もうひとつは、いうまでもなく高齢化と人口減少です。

日本の人口動態に関する長期推計が相次いで出されていますが（有名なのが、国立社会保障・人口問題研究所）、２０１４年に民間の日本創成会議が打ち出した、２０４０年には全国１８００市区町村の半分の存続が危ぶまれるとの予測は、内容が衝撃的なだけに話題を呼びました。これは単に自治体の財政上、すなわち公共団体が提供する住民サービスの質量の問題ではなく、住民の生活基盤そのもの、そして各地域がこれまで維持してきた文化の存続が関わる問題だからです。

こうした中、かねてより政府の重要政策として「地方創生」が叫ばれ、2016年3月末までに、ほとんどの自治体で「地方版総合戦略」が策定されました。これは、全国一律の振興策ではなく、地域ごとの特色や資源を活かしたプランに交付金等を支給しようというもので、まさに「地域力、人間力が問われる時代」となっています。

「地域力、人間力が問われる」のは企業も同じで、地方発の企業で、そこでの営業地盤や人材を梃子にして全国展開し、さらには海外にまで飛躍しようとしている企業がいくつかみられます。例えば、消費関連では、北海道のニトリやツルハホールディング、宮城県のアイリスオーヤマなどです。「アースミュージック＆エコロジー」ブランドを展開するストライプインターナショナルも、本社は、地元岡山に置いています。九州では、博多ラーメンの「一風堂」が有名です。

拡大の過程では、幅広く人材を登用し、ローカル色は薄れたとみられますが、どこまで地元の商圏や人材にこだわるべきか、内部で議論や葛藤があったかもしれません。

「富山の人は極力採らない」――。最近、ある総合機械メーカーの会長が、本社の東京移転を説明する文脈の中でそう発言し、話題（地元では問題視）になりました。富山人がどうこうということでなく、今後、グローバル展開や事業構造の転換を加速化させる中で、地元の出身であることにこだわらず、幅広く人材を登用していくとの趣旨だったといわれます。

地域社会の風土、その良し悪し

これまでの地方勤務や教員経験をも踏まえ、地方の人材を巡るミス・マッチの可能性について考えてみました。

まず、前章の「グローバル人材」のところでも述べましたが、最近の若者の間では、就職に際しての地元志向が強まっています。人口減少社会の中で地方にとっては歓迎すべきことですし（自治体もこれを誘導する施策をとっています）、地元重視の戦略をとっている企業の中にも、地域をよく知る人材にこだわる傾向がみられます。しかし、長期的な成長を考えたときには、多様性をも重視し、積極的に地域内外の人材の異動や交流を進める方が、企業と働き手双方にとってプラスになるのではないでしょうか。

第二に、ことの是非にかかわらず、地域社会では、内向き志向になりがちです。また、市場用語でいう「ゴルディロックス」（適温相場）と同じく、慣れからくるある種の居心地のよさは、変化を嫌う風土を作り出します。雇用を通じてこうした文化が定着することは、成長やチャレンジを重視する企業にとっては、決して好ましいことではありません。

要は、企業においては、経営環境が変わる中でいかなる経営戦略をとるかによって、採用の仕方が変わってくるべきで、全体として人口が増え、パイが拡大していた時代と今とでは、考え方も変わって当然ということになるでしょう。

社会全体としてみた場合、地方では、現状や秩序の維持を重視し、「出る杭は打たれる」雰囲気が大都市部より強いことと、未だ男性中心社会であることが問題でしょう。

前者に関して、例えば大分には昔から「赤猫根性」という、他人の足を引っ張る気風があるといわれてきました。しかし、地域の人々の目を気にすること、年長者の考えを「忖度」することが、若い人に自然と身についている可能性、これはどこにでもある問題かと思います。

一方、女性の労働力率は、地域によって差がありますが、企業内を含む社会的地位が男性に比べ低い現実は、これもまた共通してあることです。建前論や形式論ではなく、もっと女性や若い人の意見が全面に出る組織作り、雰囲気作り、これこそが地方創生にとって必要なことだと考えます。

一方で、地方には、未だ広く知られていない優良な企業、ベンチャーがたくさんあります。例えば、大分のコイシという土木工事測量会社（資本金20百万円、従業員66名―

2017年末）は、3Dレーザースキャナーやドローン（小型無人機）といった新技術を使った測量に積極的に取り組むとともに、環境への配慮（開発型土木から循環型土木へを標榜）や、女性・若者中心に開かれた形での人材育成にも意欲的です。

同社のウェブサイトを見ると、「女性の力で会社・土木業界に新しい風を」といった言葉や、「コイシ 十八ヶ条」という、大変ユニークな社訓（第一が、「自分はなんの為に生まれてきたのだろうと考えてみる」）とあります。

地域社会の中でのオープンさを高めるとともに、こうした魅力ある企業に関する情報発信をサポートしていくことが、地方の活性化につながると考えます。

ちなみに、大分にはドローンの製作や利用に関連した企業や組織、人材が集積しつつあり、それらによる大分県ドローン協議会が、2017年6月に発足しました。その事務局を務める県産業科学技術センターは、センター内にドローンの屋内テストフィールドや研究開発棟を整備しています（18年4月完成）。

コラム

大名の家風

地方や地域には、かつてそこに存在した「藩」や大名家の影響が今も残っているところがあります。繊維製品や漆器、陶磁器など伝統産業や地場産業といわれるものの中には、藩の奨励によるものが少なくなく、藩校の流れを引き継いでいる中・高等学校も各地にあります（福岡の修猷館高校など）。

また、日本経済新聞の野瀬泰申氏による『食は「県民性」では語れない』（角川新書）では、藩の存在が地域の食文化と深く関わっている例が挙げられています。江戸時代は国内の流通が盛んになった一方で、自領の労働力が他に流れることを嫌った藩主たちが農民の移動の自由を認めなかったため、住人の固定化が進み、地域で独自の文化が育ったとのことです。

その中で、同じ山形県の名物「芋煮」といっても、山形市や米沢市といった最上川流域内陸部の人々が食する芋煮（牛肉と里芋を醤油味で煮た、われわれが連想する食べ物）と、かつて庄内藩があった地域の人々が食する芋煮（味噌汁に豚肉と里芋が入った、豚汁に近い食べ物）は、まったく異なることが紹介されています。そういえば、地方銀行も、地盤によって山形銀行と荘内銀行（地域名では「庄内」、企業名では「荘内」が使われることが多い）に分かれています。

藩や大名家には、それぞれ家訓や掟（おきて）を基にした「家風」というものがあり、社訓やミッション・ステートメントをもとに企業文化が生まれるのと似たような状況でした。

代表的なものが、会津藩の子弟の集まりである「什（じゅう）」での「何々してはなりませぬ」という七つの決まりごとで、その中には、「虚言を言うことはなりませぬ」という、粉飾決算やデータ改ざんの防止につながるものもあれば、「弱い者をいぢめてはなりませぬ」という、独占禁止法で禁じられている優越的地位の濫用防止につながるものもあります。それらをとりまとめた、「ならぬことはならぬものです」というコンプライアンス標語は、かつてＮＨＫ大河ドラマ「八重の桜」でたびたび登場したセリフです。

大河ドラマといえば、戊辰戦争の勝利者となり、明治新政府を築いた薩摩藩や長州藩がたびたび登場します（２０１７年の「西郷（せご）どん」、15年の「花燃ゆ」など）。両藩についてよく語られるのは、島津と毛利という、ともに関が原の戦いで敗者となった大名家であり、幕府に対する屈折した感情が、琉球や対馬を介した密貿易に基づく経済力と結びついて、倒幕のエネルギーとなったというストーリーです。西郷隆盛が敬愛した島津斉彬の養女（篤姫）が13代将軍家定に嫁いだことからわかるように、ことはそう簡単に幕府との対立の構図で語られるものではありませんが、両藩が独自の気風を養っていたことは、間違いないようです。

島津家や毛利家は、戦国時代も有力な家だったわけですが（ともに鎌倉以来の名家）、大名家も歴史が長いほど、独自の気風や文化を持ち、逆にいえば、歴史を積み重ねる中で、それらを形成していったといえるでしょう。ちなみに、戦国という時代の気風を残す江戸時代初期は、武士の流動性も、後に比べかなり高かったようで、真田信繁とともに、大坂夏の陣で討死にした後藤又兵衛基次をはじめ、主君の力量を見限って出奔したり、主家を転々とする例が多くあります（これに対し、見限られた主君は、その者の中途採用をしないよう他家に圧力をかける「奉公構え」という手段で対抗）。

さらに時代を遡ること数十年、戦国時代でも、家訓等を基にした家中統制、文化の醸成が行われていました（家訓よりも家法の方がより規範性が高い）。代表的なものとしてよく取り上げられるのが、越前・朝倉氏の「朝倉敏景十七箇条」や、相模・北条氏の「早雲寺殿廿一箇条」「北条氏綱公御書置」などです。

家訓の内容は、トップとしての心構えから、親兄弟の関係、日常生活で気をつけるべきことまで、様々ですが、家風との観点からいえば、上記の北条氏綱（北条早雲を初代とする後北条氏２代目。今の東京都・埼玉県にあたる武蔵国を半ば制圧した）の家訓冒頭第一条に、大将に限らずおよそ武士は、「義を守るべし」とあるのが、注目されます。それに続き、義理を守らなければ、たとえ国を切り取ったとしても、後世に恥をかくことになるし、天運が尽き、家が滅亡しても、義理を違えることがなければ、悪く言われることはないとしています。企業経営において、短期的な業績や利害得失にとらわれることなく、長期の視点から多くのステークホルダーとの関係を良く保てといっているような感じです。

実際、早雲、氏綱、氏康と続く間、北条氏の治世は、地侍や領民との関係が非常によく、幾度かの危機（上杉謙信や武田信玄により小田原城を包囲されたこともある）を乗り越え、ほぼ関東一円を手中に収めます。

義に生きた戦国武将といえば、多くの人が、上杉謙信を思い起こします。領土拡大に貪欲だった武田信玄と対照的に、信玄に追われる信濃（長野県）の国衆の要請を受けての出兵（結果が、５次にわたる川中島の戦い）や、北条氏に追われた関東管領上杉氏の要請を受けての、幾度にも及ぶ関東出兵など、いずれもが「義」に基づく戦であったと伝えられます。

そこが、熱心な謙信ファン（私もそうです）が生まれる所以ですが、特段、家訓や家法で家臣団を厳しく統制したわけではなく、もっぱら、自らを毘沙門天の化身と称した謙信のカリスマ性による組織運営だったようです。もっとも、義を重んじる伝統は上杉家に受け継がれ、豊臣秀吉の死後、徳川家康になびく大名が多い中、毅然たる態度をとった上杉景勝（謙信の養子）は、結局、関が原の戦いの敗者として大きく領土を削減されました。しかし、米沢藩上杉家は、幕末まで存続します。

一方、家臣団の組織力を誇った北条氏は、彼らの目からみて新興勢力の秀吉に抵抗し、結局、滅ぼされてしまいます。企業戦略の誤りで破綻した大企業（例えば、写真フィルムにこだわった巨人イーストマン・コダック）に似ているともいえます。

第 5 章

不祥事を生む社風、文化

パワハラも不正も企業文化？──自利心と良心

以前、「ウーバー、危うい企業文化」と題する記事が出ました（2017年6月13日付、日本経済新聞）。米ライドシェア最大手ウーバーテクノロジーズの創業者トラビス・カラニックCEOの休職（のちに辞任）を告げるもので、その背景にあるのは、急成長の陰ではびこるパワハラやセクハラを容認した「社風」でした。

同社についてては、かねてより成長のためには手段を選ばないカラニック氏の姿勢と、それを反映した、法令遵守を軽視する攻撃的な企業文化が取り沙汰されていました。

新興企業の場合、良きにつけ悪しきにつけ、創業者の強烈な個性が社風に反映され、結果として、コンプライアンス違反の問題が引き起こされる可能性については理解できますが、名門企業といえども、その難から逃れることはできません。

2015年、世界の自動車業界を揺るがしたのが、9月に明らかとなった、フォルクスワーゲン（VW）のディーゼル排ガス不正ソフト事件です。米カリフォルニアの規制当局によって、大気汚染物質の排出試験時にのみ、その無効化装置を機能させていたことが暴かれ、世界中で大量リコールを余儀なくされました。

事件の背景については、ニューヨーク・タイムズ紙のジャック・ユーイング記者による『フォルクスワーゲンの闇』（日経ＢＰ社）に詳しく書かれています。同書には、従業員や州政府の代表も加わる監査役会の機能不全というコーポレートガバナンス上の問題や、威嚇的で権力主義的なフェルディナント・ピエヒ元会長（創業家出身）による強烈なプレッシャーが描かれています。

さらに、次のような、企業文化の問題も指摘します。

「幹部たちのほとんどは、当然のことながら、ピエヒに反抗しようとはまったく思わなかった。それどころか、彼らはピエヒのマネジメントスタイルに感化されて、自分たちも部下に対して同じように振る舞った。社内文化、すなわち大きな組織のなかで支配を広めていく暗黙のルールは、そうやって形成されていく」

「異議許さぬ社風」という言葉は、ＶＷの排ガス不正事件に関する記事等の中で、しばしば見られます（例えば、15年12月9日付、日本経済新聞の元ＧＭ副会長ボブ・ラッツ氏のコメント）。

前述ユーイング氏の著書によれば、ピエヒ元会長は、「金もうけよりも権力拡大に目を向けた」とあります。一橋大学の田中一弘教授は、金銭に限らず、社会的地位や名誉、闘争心、安堵感など、「他者のためにはならなくても自分のためにはなる」ことを志向する心を「自利心」と呼び、いわゆるコーポレートガバナンスの議論とは、この経営者の自利心が、株主を中心とするステークホルダーの利益を損なうことなく、むしろ（結果として）その利益になるよう、アメ（インセンティブ）とムチ（監視や牽制）によって規律付けようとするものであると解釈します。

一方、田中教授は、「自分のためにはならなくても他のためにはなる」ことを志向する心を「良心」と呼んで、「良心による企業統治」の強みやそれを育む必要性を唱えます（『「良心」から企業統治を考える』、東洋経済新報社）。

田中教授によれば、これまでの日本の企業統治の特徴は、良心が重要な役割を果たしてきたことであり、コーポレートガバナンス論の中で不利に扱われることの多い、社内取締役中心の取締役会や株式の持ち合い、メインバンク制などは、相互的な責任、義務、信頼を重視する「良心による企業統治」の上で有利に働きました。

野球にたとえれば、投手や打者に対し、1球1球ベンチから指示を出すのが、自利心を前提にしたコーポレートガバナンス論であり、選手を信頼して、結果的に打たれたら、あるいは打てなかったら代えるのが、良心による企業統治とのことです。

同書では、良心による企業統治が自利心による企業統治よりも望ましい理由として、良心が「当てになる」「目減りしない」ことを挙げていますが、最近の日本の大企業による不祥事をみると、なかなかそうとも言い切れない悩ましさを感じます。

良心が「目減り」した経営風土

ＶＷの不正と同じく２０１５年に明らかになったのが、東芝による不正会計です。これに関する第三者委員会調査報告書（15年7月20日）でも取り上げられ、話題になったのが、経営トップから示される「チャレンジ」と称する収益改善目標値とその必達を求めるプレッシャー、上司の意向に逆らうことができない企業風土です。構図としては、ＶＷと似ています。

また、日産や神戸製鋼所の不正についての各種報道の中で指摘されていたのが、国際的な競争激化の中での、品質や納期に関するプレッシャーの高まり、ベテランの退職と非正規従業員の増加という人員構成の変化でした。この結果生じた、経営と現場との乖離が不正の温床になったというものです。

普通の組織にありがちな、「上司の意向に逆らえない」風土や、経営と現場との乖離が、これらの企業においてどの程度深刻だったか定かではありませんが、仮にこれらが不正につながっているとするならば、田中一弘教授のいう良心が「目減りしていた」といわざるを得ません。

もちろん、このことをもって教授の唱える「良心による企業統治」の意義が失われるわけではなく、コーポレートガバナンス論の本家アメリカでも、いまだに企業不祥事が絶えない現状からすれば、両者の視点、考え方が必要に思われます。

「ブラック企業」は文化の問題以前に、法令違反

2018年1月、国語辞典「広辞苑」が10年ぶりに改定され（第七版）、前回改訂後に定着した言葉が約1万項目追加されました（総項目は約25万）。

追加された言葉の中に「ブラック企業」があります。ちなみに、新広辞苑による定義は、「従業員を違法または劣悪な労働条件で酷使する企業」というものです。

かつて外食産業で話題となった違法残業の問題が、最近、大きな関心を集めたのは15年12月の電通新入社員の過労自殺がきっかけです。この事件は、社会的に大きな注目を集め、官民の「働き方改革」の議論にも影響を与えたといわれます。

17年10月に東京簡易裁判所は、労働基準法違反に問われた、法人としての電通に対し、違法な長時間労働を放置したことの「刑事責任は重い」として、求刑通り罰金50万円の判決を言い渡しました。

この事件に関する報道の中でよく取り上げられたのが、電通社員の行動規範として社員手帳にも記載されていた「鬼十則」です。戦後間もなく当時の社長が考えたとされるもので、例えば、「取り組んだら放すな、殺されても放すな、目的完遂までは……」など、一見強烈な表現がなされていますが、もともとは教育の一環として、社員に責任感を求めるものだったといわれます。

実は、この事件は、単なる長時間労働ではなく、背後に「パワハラ」もあったとされます（17年10月4日付、日本経済新聞）。長時間労働の常態化と合わせ、さらに「鬼十則」のイメージもあり、この企業の「風土」や「文化」までが問われました。また、これらの問題を放置すると、風土として根付いてしまうことへの警鐘も聞かれました。

しかし、よくよく考えれば、違法残業やセクハラのように直接規制する法律（労働基準法、男女雇用機会均等法）がある場合はもちろん、パワハラも、不法行為として民法上の損害賠償が認められたり、労災が適用されたりするケースがみられます。ひとつひとつの違法行為が、積み重なったり根付いたりすれば、「風土」や「文化」の問題とされるのは、これらの言葉の拡大解釈というべきでしょう。

風土や文化以前に、コンプライアンス問題に厳格に対応するのは、企業にとっての最低限の責務であり、これを軽視するのは経営者として失格といわれる時代になりました。

違法残業は、「真因」に迫らなければ解決できない

こうした問題に対応していくにはどうすればいいのでしょうか。残業時間を一律に制限したり、コンプライアンス研修の強化などが行われますが、重要なのは、そもそも違法残業などの問題がなぜ生じたのかという原因、それも表面的なもの（管理者が見て見ぬふりをしたという、怠慢など）ではなく、より深いところにある真の原因（真因）に近づくことです。

直接不祥事に関係するものではありませんが、生産管理については、かつてトヨタの副社長を務めた大野耐一氏が『トヨタ生産方式』（ダイヤモンド社）の中で明らかにした、「なぜ」を5回繰り返す話が有名です。

たとえば、機械が動かなくなったとした場合、

① 「なぜ機械が止まったか」

「オーバーロード（負荷の掛け過ぎ）がかかって、ヒューズが切れたからだ」

② 「なぜオーバーロードがかかったのか」
「軸受部の潤滑が十分でないからだ」

③ 「なぜ十分に潤滑しないのか」
「潤滑ポンプが十分にくみ上げていないからだ」

④ 「なぜ十分くみ上げないのか」
「ポンプの軸が磨耗してガタガタになっているからだ」

⑤ 「なぜ磨耗したのか」
「ストレーナー（濾過器）がついていないので、切粉が入ったからだ」

このように、5回のなぜを繰り返すことによって、ストレーナーを取り付けるという対策を発見できたとします。

前述の記事（17年10月4日付、日本経済新聞）では、「すき家」チェーンを運営するゼンショーホールディングスの労働環境問題に関し、第三者委員会の調査報告書を基に、いわゆるワンオペ（深夜にひとりで店舗を運営）を含む店舗運営について、現場の意見をも取り入れた改革が進められていることを紹介しています。

14年7月に出された、この報告書を読むと、社員の過重労働やサービス残業の原因として、

①大量の新規出店と、「24時間、365日営業」戦略がもたらした著しい過重労働に対する、経営幹部の危機意識の欠如、

②現場の法令違反を是正する仕組みの不全、

③すき家経営幹部に共通する意識・行動パターン（コンプライアンス意識の欠如、顧客満足最優先、自己の成功体験へのこだわりとそれに基づく〈幹部の〉同質集団性、全社的観点からのリスクメネジメントの欠落、労働力投入に関する精神論など）が挙げられています。

これをもとにした同委員会の提言の中には、「従業員を企業の重要なステークホルダーと位置づけ、その人権と生活を尊重する企業風土を築くための施策」が盛り込まれています。また、その施策として、経営トップの全従業員向け「宣言」や、現場の声をくみ上げ労働環境を改善していくためのPDCAの仕組み、憲章や行動指針見直しのためのプロジェクト実施などが盛り込まれています。

先に電通事件に関し、違法残業等は、それ自体コンプライアンスの問題であり、安易に風土や文化の問題ととらえるべきではないと書きました。しかし、「真因」が、組織の体質的

なものにあるとすれば、単なるコンプライアンスの問題としてではなく、体質の改善、すなわち、外科的治療に加えた内科的治療も必要で、それには手間と時間をかける必要があるとみるべきでしょう。

限定倫理性の正体──なぜ悪行を認識しないのか

ハーバード大学ビジネススクールのマックス・ベイザーマン教授は、心理学を応用した経営管理理論を展開します。彼は、『倫理の死角』（ＮＴＴ出版）の中で、従来の規範的な倫理学とは一線を画す「行動倫理学」という新たな概念を用いて、なぜ人や企業が倫理的な行動をしなかったり、非倫理的行動に気がつかなかったりするのかを明らかにしています。

行動倫理学とは、行動経済学と同様、人間の意思決定に潜む様々なバイアスの存在に焦点を当てます。ちなみに行動経済学は、大家であるシカゴ大学のリチャード・セイラーが、２０１７年のノーベル経済学賞を授与されたことで、あらためて注目されました（02年のダニエル・カーネマンら、過去にもこの分野で受賞した学者はいます）。

教授らによると、人も企業も、必ずしも常に倫理上の問題に直面しているとは思わず、また、事前的には、倫理的に振る舞おうという意図があるにもかかわらず、結果として、多くのケースにおいて意図せざる非倫理的行動をとります。これを彼らは「限定倫理性」と呼び、個々の事例に関するヒアリングのみならず、行動実験によっても確かめました。

人が、意図せず非倫理的な行動をとる理由としては、「動機づけられた見落とし」と呼ぶ、別のインセンティブ（例えば収益や売り上げの増加）の存在や、自己中心主義、現状維持、楽観的、身びいきといった各種の心理的バイアスによって、時々の直感的な判断が事前の倫理的な判断から歪められることを挙げています。また、事後的にそれに気がついたときも、それを正当化するように、倫理基準や記憶を修正することがあることも指摘します。

組織の場合には、そこに集団浅慮（グループシンク）や組織文化の問題も絡んでくると考えられます。何か問題が明らかになって、なぜあのような行動をしたり、放置したのだろうかと一般の人が思うときでも、本人やその組織が必死に言い訳し、反省している風が見えないのは、必ずしも自分たちが非倫理的な行動をしているという認識がないからだというのです。

こうした「倫理の死角」を防ぐために、ベイザーマン教授らは、何か行動する前には熟慮すること、意思決定の際の動機をあらかじめ予測したり予行演習したりすること、できるだけ情報を開示し、複数の選択肢での検討を行うこと、第三者の評価を重視すること、組織に内在する「暗黙の価値観」を把握し、それに応じた独自のシステムを導入すること、普段から仕事における時間的プレッシャーを軽減することなどを提言しています。

なお、慶応大学の菊澤研宗教授は、経済学における「限定合理性」（人は、伝統的な経済学が仮定するほど完全に合理的ではない）の概念を応用し、人間や組織は限られた情報の中で合理的に行動しようとする結果として、①全体としての合理性と個別の合理性が一致しない、②正当性（倫理性）を無視して、効率性だけを追及する、③長期視点に立たず、短期的視点でのみ考える、といった「不条理」が起こるとします。

そして、この点を組織経済学の理論や日本軍の失敗などを援用しつつ、詳しく説明します（『組織の不条理』、中公文庫）。菊澤教授は、主に経済学の理論を用いるなど、ベイザーマン教授とアプローチは異なりますが、結果として同じ問題を指摘しているように思います。

「限定倫理性」や「限定合理性」という概念は、極めて現実的です。不祥事を防ぐためには、一般的な倫理憲章や社是の制定、倫理研修の実施だけでは十分でなく、自らや自らの組織における意思決定の限界を認識した上での、独自の対策です。

企業不祥事の中には、「組織ぐるみ」といわれるものが多くありますが、必ずしも皆が不正に手を染めているとは認識できない、そこに落とし穴があります。

大企業病に罹患する2つの原因

大企業が経営困難に陥ったり、不祥事に見舞われたりすると、必ずといっていいほど、「大企業病」と関連づけられますが、そもそも大企業になるには、ある程度事業が成功を収めたことと、ある程度創業から時間が経過したことの2つの要件が必要です。大企業病といわれるものは、まさにこれらと関係しています。

大企業病には2つの側面があると考えられます。

ひとつは、経営陣の意識の問題で、事業戦略にそれが反映されます。既存の事業がそれなりに成功を収めていると、当然のことながら、リスクをとることに慎重になります。いわゆる、「守り」の姿勢です。結果として、クリステンセンのいう破壊的イノベーションに乗り遅れ、シェアや売り上げを落とすことになります（イノベーションのジレンマ）。ネット事業に乗り遅れた百貨店や一部アパレル業界が、この罠に陥っているとみられます。

この点、大企業は中小企業と違って経営基盤が厚いだけに、危機感を持つのが遅れます。自社の有利性が短期間に失われることはない、自分の事業は少なくとも当分は大丈夫だとの思い込みが、「不都合な真実」から目をそむけさせます。

前述の『ビジョナリーカンパニー』の著者であるジェームズ・コリンズは、『ビジョナリーカンパニー③ 衰退の五段階』（日経BP社）において、かつてビジョナリーカンパニーとして取り上げたモトローラが、アナログ時代の携帯電話事業での成功ゆえに、「謙虚から傲慢へと企業文化が変質」し、デジタル化への対応ができず転落したとして、紹介しています。

また、衰退の5段階の3番目を、「リスクと問題の否認」とし、徐々に企業が衰退していく場合、客離れや経営諸比率の悪化といった警戒信号が出ているにもかかわらず、経営陣が、それを自分たちのせいではなく外部の要因によるものだと決めつけることがよくあると指摘します（彼は「否認の文化」と表現）。

もうひとつの大企業病の側面は、組織管理上の問題で、①事業部門ごとに閉鎖的になり、タコツボ化する、②経営陣と現場の距離が大きくなりすぎ、経営陣が会社の実態を把握できなくなる、③仕事のやり方が、前例踏襲、形式主義となり、部下は上をみて仕事をするようになる、といったことが考えられます。①や②は、too big to manage（大きすぎて管理できない）といわれるものであり、③は、官僚主義がはびこるとも表現されます。

①のタコツボ化については、最近、「サイロ・エフェクト」という言葉が用いられます。フィナンシャル・タイムズ紙のジリアン・テットがそれをタイトルにした書籍を出版し話題にな

りました（文藝春秋社）。社会が高度化複雑化する中で、企業だけでなく行政や政策当局も専門性重視の縦割り組織（「サイロ」）となり、結果として変化に対応できないというパラドックスを扱っています。企業の例としては、サブプライムローン問題で経営危機に陥った、スイスのＵＢＳ銀行が出てきます。

②の経営陣と現場の距離拡大については、まさに、最近の日本の大企業の不祥事が当てはまるものです。製品データ改ざん問題を巡り、神戸製鋼所は２０１７年11月10日、社内調査の報告書をまとめました（「当社グループにおける不適切行為に係る原因究明と再発防止策に関する報告書」）。その中で原因分析の第一に挙げたのが、「収益評価に偏った経営と閉鎖的な組織風土」であり、「経営として工場において収益が上がっている限りは、品質管理について不適切な行為が行われているような状況にあるか否か等、工場での生産活動に伴い生じる諸問題を把握しようという姿勢が不十分」な中、「『工場で起きている問題』について現場が声を上げられない、声を上げても仕方がない」という風土を生んだと述べています。

また、同報告書の中では、契約に定められた仕様が遵守されないという事態について、「その不適切行為の範囲は年々拡大し、上司もまたかつての当事者という状況が生まれ（略）、日常の会議等の中で議論されることもなくなった」と、病が深刻化した背景に、時間の経過があることが指摘されています。

なお、その後の外部調査委員会の調査をも踏まえた最終版である「当社グループにおける不適切行為に関する報告書」（２０１８年3月6日、公表と同時に代表取締役が辞任）では、根本原因として、カンパニー制導入以来の本社の経営姿勢や統制力の低下という、まさに現場との距離拡大が前面に打ち出されています。そして原因分析全体を通じて、意識や風土という、形式的な体制不備以外のソフト要因を取り上げています。

現場と本社の遠すぎた距離

日産自動車における、無資格者による完成検査の問題についても、まったく同様の指摘がなされました。第三者（法律事務所）への委託による、「国土交通省への調査結果報告」（17年11月17日付）では、原因として、まず完成検査制度に関する規範意識が希薄であったことが挙げられ、その点は、検査を行う現場だけでなく、工場幹部や本社関係者も同様であり、完成検査員の人数に着目した人員調整や、制度の意義や遵守に関する周知徹底が成されなかったことが、現場の意識の鈍磨をもたらしたとします。

また、こうした事態が放置されてきた背景として、管理者層（日産本社を含む）と現場の距離が遠かったことが指摘され、このことが、前者による実態把握が不十分であったことや、後者による不作為（内部通報などにより管理者層に改善を求める努力をしない）に表れているとします。

さらに、「工場の自立性を重んじ、一人一人の従業員の創意工夫を評価する（日産の）文化」が、日産を支えてきた力の源泉である一方、問題の把握や解決を、工場や現場に委ねる考え方を生み出した可能性に言及しています。

ただ、筆者としては、神戸製鋼所や日産自動車の問題を論じる際に、安易に「風土」や「文化」という用語を使うことが、責任の所在を曖昧なものとし、経営の不作為の言い訳に使われることを懸念します。自主性の尊重云々とは関係なく、コンプライアンスに関する意識の徹底や管理体制の構築は、今や経営にとって欠くべからざる要素となっているからです。

いずれにしても、大企業になればなるほど、神戸製鋼所や日産で顕在化したようなリスクが高まることは否定できません。

大企業病のリスクは、永遠に消えない

大企業病の原因となる組織管理上の問題のうち、③の前例踏襲・形式主義については、①

②の問題と合わせて、破綻後のＪＡＬ再建に取り組んだ稲盛和夫氏の物語の中でも、しばしば出てきます（例えば、大西康之著『稲盛和夫　最後の闘い』、日本経済新聞出版社）。

ちなみに、大企業病の問題かどうかは別にして、かつての日本銀行時代、産業調査の一環で企業ヒアリングに出向いた際、気がついたことがあります。ヒアリングの相手方は役員クラスなのですが、企業によって、役員が手元に資料を持ち単独で話をするケースと、いわゆるお付きの方が複数いて、サポートならびに代わりの説明をするケースに分かれます。これは、役員の方が交代しても変わりません。

後者は、官庁でもよく目にする光景で、企業では、経団連の要職に就く人を輩出するような先に多かった記憶があります。ヒアリングによって多くの方の時間を奪う、すなわち、機会費用を発生させることに心苦しさを感じていましたが、これも一種の文化なのでしょうか。

一般に大企業の場合、万一破綻した場合、雇用者や取引先、地域社会などへの影響が大きいため、政策的配慮がなされやすいとされます。いわゆる、too big to fail（大きすぎて潰せない）問題です。リーマンショックのあと急激に経営が悪化したＧＭ（ゼネラル・モーターズ）をアメリカ政府が救済（一時国有化）したのが、代表的な例です。こうした施策のおかげで、本来市場メカニズムによる淘汰がもたらすメリット（社会全体としての効率性が向上）

が損なわれるわけで、大企業経営者はその点に関する自覚が求められます。

ちなみに、GMについては、その後、欠陥のあるエンジン点火装置を搭載した車のリコールが長期間放置されていた問題で非難されました。部門間の連携の悪さ、過失や隠蔽を理由に解雇された一部の社員以外、この問題に関わった人間の誰もが責任をとらなかったことなどを捉え、「GMの官僚主義的な企業文化という問題を映している」との指摘がみられました（14年6月7日付、日本経済新聞に掲載された、英フィナンシャル・タイムズ紙特約記事）。

大企業病の予防や治療についても、結局のところ、経営者によるマネジメント次第といえます。この点、一時不振に陥った名門のGE（ゼネラル・エレクトリック）やIBMを、外部からきたジャック・ウェルチやルイス・ガースナーが、事業構造の転換や企業文化の変革で立て直した話が有名です（後述）。

そのGEやIBMも、最近は業績伸び悩みから投資家からのプレッシャーが強まっており、大企業病は根治することなく、企業が存続する限りそれとの戦いが続くのかもしれません。

安全文化の大切さ――「思考停止」を避ける

前に挙げたような不祥事に限らず、大事故やそれにつながりかねない事故やミスが生じた場合にも、企業文化や企業体質との関連が取り上げられます。

2010年代に入り、化学プラントでの爆発による死傷事故が相次ぎました。比較的最近では、14年1月の三菱マテリアル四日市工場事故での被害が大きく（死者5名、負傷者13名）、17年12月、十分な安全対策を怠ったとして、三重県警が当時の工場長と副工場長を津地検に書類送検し、ニュースになりました（ただし、事故の予見は困難として不起訴意見付き）。

三菱マテリアル事故の直前に、日本触媒姫路製造所での爆発事故もありました（12年9月、死者1名、負傷者36名）。いずれも、事故原因の究明と再発防止策の策定を目的に、外部有識者を含む事故調査委員会が立ち上げられ、報告書が公表されています。

それらの中では、直接的な事故原因と合わせ、「安全文化」に関わる要因も指摘されています。

例えば、三菱マテリアルに関しては、危険への感性が低く安全最優先の価値観が共有されていない、外の風が入らず「井の中の蛙」状態であることなど、日本触媒に関しては、「安全が生産に優先する」という社是にもかかわらず、長年の安定生産の継続が、意識の緩みや感性の低下をもたらしたことなどです。両者ともに、企業に対して「安全文化の醸成」を求めています。

事故による犠牲者の多さという点では、05年4月にあったJR西日本福知山線脱線事故は、近年の事例で突出しています（死者107人、負傷者560人以上）。直前の停車駅でオーバーランを起こした電車が、かなり速いスピードでカーブに差し掛かり、曲がりきれずに脱線、隣接したマンションに激突してしまいました。当時、事故の背景として、JR西日本の「利益優先・安全軽視体質」がしきりに取り上げられましたが、再びこれを想起させるようなことが、最近、起きました。

17年12月、博多発東京行き新幹線「のぞみ34号」の台車に亀裂が入り破断寸前であった事故で、兆候が認められたにもかかわらず長時間運行を続けさせたことに対し、JR西日本が謝罪しました。当然ながら、福知山線脱線事故が持ち出され、企業体質は本当に変わったのかといったコメントもテレビで流されていました。

こうした事故を企業体質や文化と結びつけるには、「なぜ」を繰り返しながらの幅広い事故原因の探求と、（直接事故に関係ない人を含む）膨大な数の社員・関係者へのテスト形式によるヒアリングが必要です。不祥事に関連して述べたように、安易に体質を持ち出すことは、責任の所在を曖昧にするとともに、より根本的な原因（真因）、さらには他社や他の業界にも参考となり得るような様々な要因をくみ取ることを阻害しかねません。いわば「思考停止」です。

最近の東芝についてもそうですが、仮に風土とされるものがあったとしても、何か、そのきっかけになったり、増幅したりする要因があったはずです（東芝については、90年代末から2000年代初頭にかけてのガバナンス改革との関係が取り沙汰されています）。

いずれにしても、今回の「のぞみ34号」トラブルについては、政府の運輸安全委員会が、新幹線で初めて、深刻な事故につながりかねない「重大インシデント」に認定し、原因究明と再発防止を検討することになりました。

経験を積めば、「組織の文化」は嗅ぎ取れる

原子力規制委員会は、原子力発電所の再稼働に向けた安全審査において、安全を優先する企業文化を評価基準とする仕組みを導入すると報じられています（2017年7月18日付、

日本経済新聞)。

記事によると、同委員会は18年度から試行し、20年度から本格運用を始める方針で、安全文化という抽象的な概念を具体化するために、経営やリスク管理の専門家による検討委員会を通して、電力会社や現場の検査官などと議論を重ねる方針とのことです。前述のように事故があった際の原因分析において、安易に体質や文化を持ち出すべきではないと考えますが、トラブル防止のための普段からの点検において、体質や文化を評価することは、とても重要です。

日本銀行で金融機関に対する立入調査(考査といいます)を経験した立場でいえば、ある程度の経験を積めば、その組織の文化を嗅ぎ取ることは可能であり、それには、当該分野(この場合原子力発電)の検査に直接携わったかどうかにこだわらず、幅広く知見やノウハウを集めることが有益だと思います。

例えば、同じ質問をできるだけ同時に複数の相手に行い、その回答を比べるだけでも、意思の統一性や逆に自主性への寛容度合い、会社や職場の方針の徹底度合いなどをみることができます。

最近、スイスのチューリッヒ工科大学の研究者(ドミトリ・チェルノフ、ディディエ・ソネット）による『大惨事と情報隠蔽』（草思社）が刊行されました。日本では馴染みが薄い旧ソ連時代の出来事を含め、世界中のインシデント事例（福島第一原発事故を含む）を集め、情報隠蔽・歪曲の原因を、組織の外部環境、同じく内部環境、リスクコミュニケーション・チャネル、リスクの評価とナレッジマネジメント、管理者と従業員の特性、などにまとめています。

この中でもよく出てくるのが組織文化であり、「上司への絶対的な忠誠」「成功のみを求め、悪い知らせに耳を貸さない」「上によく見られたい」などの特性は、ほとんどの事例に当てはまるとしています。東芝の不正会計問題と同じです。人間の性ともいうべきこれら要因は古今東西共通しているようで、よほど意識して「これらに立ち向かう文化」を築きあげない限り、不祥事や事故は繰り返されるでしょう。

経営者はなぜリスクや不祥事に「鈍感」なのか

何かトラブルや不祥事があって、その組織の関係者が開いた会見を見ていてよく思うことがあります。なぜ、組織のトップがここにいないのか。トップとは、必ずしも文字通りではなく、案件に応じて、その組織を代表するにふさわしいと「外部からみられる」地位にある人物です。

２０１８年1月11日夜から12日にかけて、新潟県三条市のＪＲ信越線で約４３０人が乗った電車が、大雪のため15時間以上立ち往生するトラブルがありました。ＪＲ東日本新潟支社は12日夜記者会見を開き、他の区間では日中に列車を運休して除雪作業をしていたが、現場近辺では行っていなかったとして、総務部長らが謝罪しました。その当時の日本列島の大雪については、大分にいる私でも認識するぐらい、十分に警報が発せられたと思うのですが、除雪作業に限らず、緊急時の対応を含めて、もっとリスクの管理ができなかったのでしょうか。

さらに、結果として起きたことの大きさを考えると、記者会見を部長でなく、その同席のもとで支社長が行ってしかるべきではなかったでしょうか（なお、１週間後の19日、実は三条市から乗客救出用にバス１台提供の申し出があったにもかかわらず断っていたとして謝罪する際には、支社長が会見を行いました）。

同様な感想は、警察官の不祥事に関する会見で、県警本部長が姿を見せることがなかったときにも抱きます。

一般論として、人間は誰しも前向きなことを考えたいわけで、企業でも、成長につながるような話や会議には熱心でも、リスク管理や不祥事対応のテーマになると、担当部署や担当者に任せがちになります。とくに（会社の成長か、自身の昇進かは別にして）成功体験がある経営者の場合、そのバイアスが強くなりがちです。

しかし、市場の変化が激しく、「公器」としての企業に対するステークホルダーや一般社会の目が厳しくなっている現在、リスク管理は経営者にとっては避けて通れない問題です。事業や経営戦略とリスク管理は不即不離の関係であることを、あらためて認識していただきたいと思います。「公器」の色彩が強い組織であればなおさらそうです。

「楽観性のバイアス」で過小評価しない

不祥事についていえば、それが発生したとき、あるいは疑いが生じたとき、絶対に「過小評価」は禁物です。２０１７年に明らかになった、社内検査に関する大手製造業での一連の出来事をみても、当初、その意味や反響の大きさについて過小評価していたと思わざるを得ませんでした。

人間の思考には、楽観性のバイアスがあることは、心理学や行動経済学の世界でよく知られています。客観的に物事を判断すると同時に、常に最悪の事態を想定し、結果として何事もなかった、あるいは軽微な影響にとどまったなら、それでよしとする姿勢が大事です。

後手を踏む、あるいは、対応が不十分だったことがもたらす負の影響は、先手を打つ、あるいは、十分すぎると思われる対応をとることにより、組織内外の注目を集め、それがもたらす負の影響（それゆえ、ことを荒立てたくない、内々で処理したいと思いがちです）よりも、はるかに大きいと考えるべきです。

本書でたびたび取り上げましたが、15年に明らかになった、東芝の不正会計問題（インフラ関連工事や、映像、パソコン、半導体各事業における利益操作）については、同年7月、これに関する第三者委員会の報告書が出て間もなくして、委員会の独立性や調査期間、対象となる期間や事業などが不十分ではないかとの指摘がみられました（代表的なものが、11月に行われた「第三者委員会報告書格付け委員会」の久保英明委員長による会見）。

結果としては、その後のアメリカでの原発事業を巡る問題で、企業としての生死をさまよう状態になったわけですが、その前に、16年2月、日本取引所自主規制法人が、「上場会社における不祥事対応のプリンシプル」を公表しました。それは、上場会社においては、その不祥事が及ぼす影響が大きいため、「パブリックカンパニー」としての自覚のもと、不祥事に関する迅速かつ徹底した対応を求めるものです（同法人の対外発表文の趣旨説明）。

このプリンシプルの中で、第三者委員会については、その独立性・中立性・専門性確保のための配慮や、「第三者委員会という形式でもって、安易で不十分な調査に、客観性・中立性の装いを持たせるような事態をまねかないよう留意する」ことを求めています。

このプリンシプルは上場企業を対象とするものですが、精神はあらゆる組織に当てはまります。

リスク文化の構築――「あれっ」を大切にする

以上述べたことは、主にトップや経営陣が心得るべきことで、「企業文化」に関係するとは思えないかもしれませんが、ある意味、こうした考え自体が落とし穴になります。

前章で述べたイノベーションとも共通しますが、組織全体で価値観を共有できないと、リスク管理や不祥事に関する再発防止策も実効的なものになりません。価値観の共有というと大袈裟になりますが、まずは、リスクや不正に対する「感度を高める」ことから始まります。

そのために、リスク管理や品質管理の専担部署だけでなく、現場を中心にあらゆる部署で、「自ら」リスクについて考える機会、空気を作り出すことが必要です（ちなみに、現在、銀行では、セルフ・リスクアセスメントがルーティーンとして行われるようになりました）。

リスクについて考える第1歩は、「気づく」ことです。この点、有名なのが、「ヒヤリ・ハット」やこれをもとにした「ハインリッヒの法則」です。結果的に大きなミスや事故に至らなくても、ヒヤリとしたこと、ハッとしたことを記録し、事例を集めることが職場の安全管理につながるという考えで、医療や車両の運行管理など、安全を重視する多くの現場で取り入れられています。

「ハインリッヒの法則（1：29：300）」とは、1件の重大な事故の前に29件の軽微な事故があり、その前に300件のヒヤリ・ハット事例があるという法則で、アメリカの保険会社の調査マンが見出しました。

直接安全に関わらないことや業務でも、できるだけ兆候に気づくことは重要で、そのために、バッドニュースファースト（悪いニュースから挙げろ）と、よくいわれます。悪いニュースとまでいかなくても、「あれっ？」「えっ？」と思うことを気兼ねなく言える、本人が自覚する職場環境であれば、リスク感度が高いといえます。

以前、JR東海から、「新幹線運転士の眼鏡不使用について」と題する発表がなされました（15年1月31日）。

- 1月30日20時02分頃、大阪第2運輸所の休憩室にて休憩中の乗務員が置き忘れてあった眼鏡を発見し、管理者に報告。調査の結果、22時15分頃、東京の管理者がのぞみ184号で到着した運転士（57歳）が、眼鏡を使用せずに運転を行ったことを確認。
- これによる列車の遅れなどない。
- 本件について、国土交通省関東運輸局と近畿運輸局に報告。

今後の対策としてJR東海では、運転免許条件（この場合は眼鏡使用。当然のことながら、新幹線運転のためには、一定以上の視力が必要）遵守の指導を徹底し、再発防止に努めるとしています。関連する報道では、本人は、「発車の時に眼鏡がないことに気がついたが、発車時刻に遅れてしまうので慌てて運転してしまった」と話しているとありました（朝日新聞デジタル）。

この事実を知った私は、その列車に乗っていたわけではないですが、ヒヤリと感じました。定時運行比率の高さは、日本の鉄道、とくに新幹線が世界に誇れるものですが、プライオリティからいえば、「安全ファースト」であるべきです。

リスク管理や不正防止は組織全体が行うもので、「気づく」ことから始まり、そのための理念や価値観の共有（＝リスク文化や安全文化の確立）が必要です。あくまで基本はトップからであり、組織内の人間はトップや上司の背中をみながら行動しますし、社会も組織を代表する存在としてトップをみます。

トップは、事件や事故、トラブルについて、「ほかで起きたことは自分のところでも起きる」「これまで自分のところで起きなかったのは、たまたまだ」「これまで起きていないということは、そろそろ起きる頃だ」という謙虚な姿勢でいて欲しいと思います。

コラム

官僚文化とは

「御社の社風は官僚主義ですね」とか「おたくの社員は官僚的だね」といわれてショックを感じない経営者はいないと思います（銀行や電力会社を除いて）。それだけ、企業にとって「役所化」することは、破産宣告を受けるに等しいダメだしを受ける重みがあります。

「杓子定規」「個性に欠ける」「冷たい」「セクショナリズム」「前例踏襲」「権威主義」……一般に官僚文化を指すと思われる用語を並べると、ネガティブなものばかりです。

実際、私自身、出向による3度の霞ヶ関生活（日銀退職後を含めると4度）との比較で、日銀内部でこうした感覚を味わう事例に出くわすと、「ついに日銀もお役所になったか」とがっかりしたものです（知人の官僚にいわせると、日銀マンの方が官僚的だそうですが）。

経営学の世界では、いわゆる大企業病やその兆候として、官僚主義が取り扱われます。前述したダフトの『組織の経営学』では、組織のライフサイクルとして、起業者段階→共同体段階→公式化段階→精巧化段階の4つに分け、それぞれの段階にある危機として、リーダーシップの必要性→権限委譲の必要性→官僚的形式主義の行きすぎ→活性化の必要性、を挙げています。

各段階における組織の特徴をみると、ほぼ官僚主義の度合いに比例し、起業者段階＝非官僚主義的（組織構造は非公式、創業者によるワンマンショー的）、共同体段階＝前官僚主義的（おおむね非公式、一部に手続き化）、公式化段階＝官僚主義的（公式の手順、分業、新たな専門業務の追加）、精巧化段階＝きわめて官僚主義的（官僚主義の中でのチームワーク、小企業的思考）とあります。

しかし、そのダフトの書にも書いてあることですが、もともと官僚主義は決してネガティブなことではなく、「公正さ」を担保する組織形態として合理的なものとされてきました。新興国や途上国でのビジネスの難しさとして、地縁や血縁によるネポティズム（縁故主義）、感情的なえこひいき、賄賂の横行などが挙げられますが、本来、官僚主義は、近代国家発展に欠かせないものとして、それらに対比する概念として生まれました。

20世紀初頭に活躍した社会学者マックス・ウェーバーは、『官僚制』（恒星社厚生閣）の中で、官僚制の特徴として、「規則、すなわち法規や行政規則によって、一般的な形で秩序づけられた明確な官庁的権限の原則」を第一に挙げています。さらに官僚制は、専門性と法による統率のもとで、的確、公平かつ効率的に職務を遂行する制度だとし、ひとたび確立すると、永続的性格を有するものであると述べています。

もとより、これはある意味、理想形であって、現実には、種々の問題と批判を生んでいますが（最近では、公文書の改ざんやセクハラなど）、それは「運用」の問題であって、官僚主義そのものを悪いと決めつけることは、行きすぎです。

法令に基づくといっても、当然、規定の「解釈」とそれに基づく「判断」が必要になりますし、法令未整備の場合には、その整備を含めて何らかの対応が求められることもあります。そもそも、絶えず変化する社会のニーズに法令が完全に追いつけるはずがありません。その場合、上級者（政治家を含む）による明確な指示や指導があれば職務を遂行しやすいのですが、時間的制約からすべてを求めるわけにもいきません。そこで「忖度」が働きます。ある意味、優秀な官僚組織とは、「恣意性」を廃しつつ、忖度を適切かつ合理的に行う組織なのかもしれません。

政治からの圧力を含め、恣意的な政策形成をなくすために、今注目されているのが、「エビデンスに基づく政策」（ＥＢＰＭ＝Evidence Based Policy Making）です。ＥＢＰＭとは、過去の政策や導入を検討している政策の有効性を実証的に検証し、それを基に、ロジカルに政策立案することで、ブレア政権以来長期にわたって推進しているイギリスをはじめ、先進各国や国際機関が推奨する手法です。医療、教育、経済や産業、社会保障、労働など多分野での政策が対象になり得ます。

日本では導入が遅れていますが、政府は、「経済財政運営と改革の基本方針（いわゆる骨太の方針）２０１７」の中で、統計改革と合わせ「ＥＢＰＭ推進体制を構築する」と明記しています。

ＥＢＰＭについては、かねてより（独法）経済産業研究所（ＲＩＥＴＩ）で研究が進められており、関連プロジェクトにおける検討やシンポジウムの開催などを通じて、啓蒙活動が行われています。

以前、ＲＩＥＴＩでは、政策実務者や研究者を対象に、ＥＢＰＭに関するサーベイを実施しました（15年末から16年初頭にかけて）。結果、わが国においてエビデンスに基づく政策形成を妨げるものとして、政策実務者では、1位が「政治」（72%、複数回答可）、2位が「統計に関するスキル不足」（66%）、3位が「慣行・組織風土」（62%）であるのに対し、政策研究者では、1位が「統計に関するスキル不足」（68%）、同率2位が「政治」（52%）と「日常業務の多忙」（52%）でした。政治やスキル不足という共通要因以外に、実務者の間では、「慣行・組織風土」が挙げられているのが、興味深い点です（以上の結果は、ＲＩＥＴＩウェブサイトにある森川副所長のコラムによる）。

最近、ＲＩＥＴＩウェブサイト上で、「政策評価で『科学風のウソをつく』方法」と題する面白い小論が掲載されました。エネルギー分野に詳しい戒能一成研究員によるものですが、ショッキングなタイトルとは裏腹に、いたって真面目な、政策評価の問題点を指摘する内容です。そこでは、前述の統計や計量経済学に関するスキル不足という技術的要因に加え、最初から「結果ありき」の政策評価が選好される構造的要因として、（ネガティブな検証結果が示されることに伴う）「勇気ある撤退」を評価しない行政庁側の組織風土に問題ありとしています。政策評価が公正に行われなければ、「エビデンスに基づく政策形成」が不十分になるばかりでなく、ただでさえ苦しい日本の財政にとって、致命的ともなりかねません。改善を期待するところです。

「一度始めたことは、なかなか見直しが行われない」ことについては、道路建設などを巡って、テレビ番組でもしばしば取り上げられます。「天下り」と並んで、官僚文化の評判が悪い点かもしれません。しかし、よくよく考えると、「勇気ある撤退」がなされないことは企業経営、とくに大企業の場合にはよくある話です。しかし、経済学的には、「サンク・コスト」（埋没費用。事業をやめても回収できない費用）に執着し赤字事業を継続することは、合理的でありません。また、天下りについても、大企業や銀行から人を受け入れる関連会社や取引先からすれば、本人の能力（「人格識見」という言葉がよく使われます）だけでは説明ができない、天下り的人事と受け取られるかもしれません。

仮に大企業と官庁に共通する問題だとすれば、単純な大企業病に止まらず、もう少し根深い要因がありそうです。私は、それは、日本型雇用慣行だと思います。前述したように、今、経済の生産性を高めるためにも、雇用の流動性を高めるべきとの議論がなされていますが、もともと、中小企業の世界では雇用の流動性は高く、伝統的に日本型雇用慣行とされてきた、終身雇用、年功賃金、企業別労働組合などは、いずれもすぐれて大企業に関する特徴です。そうした組織では、当然、（自分を引き上げてくれた）先輩上司の実績には手をつけたくありませんし、再就職先を斡旋することは、自分のためにも必要になってきます。

「官僚的」と揶揄する前に、日本人は、わが身を振り返ることが必要かもしれません。

第 6 章

「金融業の世界」は特殊なのか

「金融業は特殊な世界」は半分正解

「金融の世界は特別だから」といった類の言葉を耳にすることがよくあります。同じ会社員でも、銀行に勤務するものは銀行員と呼ばれ、証券会社に勤務する者は証券マンと呼ばれます。金融が特殊な世界と思われるのは、ひとつには、自動車や鉄と違って、金融業の生産物を直接目にすることが少ないので、業界としてイメージしにくいこと、もうひとつには、お金を扱うことに伴って、他の業界と異なる習性や文化が存在しているとの連想が働くからではないでしょうか。

このうち銀行員の特徴としては、一般に、真面目、手堅い、職業として安定している、といった評価がある一方で、融通がきかない、面白みに欠ける、夢がない、といった評価もつきまといます（なぜか官僚と似ています）。銀行員や銀行に関するこうしたイメージには、間違いなく、小説やドラマが影響しています。

例えば、銀行は組織第一のタテ社会とされ、そこから、「部下の手柄は上司のもの、上司の失敗は部下の責任」（ドラマ『半沢直樹』に出てくる大和田常務）といった迷言?が生まれます。

同じく池井戸潤さん原作のドラマ『花咲舞が黙ってない』にも似たような場面が出てきます。また、銀行や銀行員にとっては「人事がすべて」とされ、一度でも失敗したら、同期の出世争いから脱落する悲哀を味わい、それが、家族をも巻き込んだ悲劇として描かれます。

こうした組織の冷たさは、外部とくに取引先に対しても容赦なく注がれます。ドラマでよく取り上げられる格言は、「銀行は雨の日に傘を取り上げ、晴れの日に貸す」というものです。

筆者のこれまでの知見をもとにすると、これら銀行や銀行員に対する見方は、半分は当たっています。

第一に、規制業種で新規参入があまりない銀行業では、どの銀行もそれなりの業歴と伝統を誇っており、どうしても「組織ありき」のところがあります。そして、銀行業では、（合併を除いて）組織や事業分野の拡大ペースがゆっくりとしているため、人事管理も静態的となり、非常に時間をかけた形での選抜型人事となります。すなわち、入行後、一定期間を置いた後、「一選抜」「二選抜」……という形で幹部要員を絞り込み、あまり抜擢人事はありません。この間、現場では、数値目標、すなわち「ノルマ」の消化を含め粛々と業務します。

第二に、現金や預金を扱う銀行業では、間違ってはいけない、損失を出してはいけないとの意識が強く働きます。窓口業務の終了後、一日の取引の計算が合っていることを示す「ごめいです」という言葉を、現在も使っているところがあります。

さすがに、多額の残業代をかけてまで不足金の確認をするところは少なくなったようですが、銀行員は、初期の段階で、「1円でも間違ってはいけない」という、銀行員としては当たり前な感覚を身につけます。融資では、それが、「お客から預かっている大事な預金を1円たりとも焦げ付かせてはいけない」という、不良債権恐怖症につながります。

第三に、前の点とも絡みますが、他人のお金や情報を扱う銀行にとって大事なのは、とにかく「信用」だと叩き込まれます。ちなみに貸出も、信用供与、信用創造にあたります。信用を第一にする手前、立ち居振る舞いにも自制が働き、銀行や銀行員はつまらない、個性がないといった評価につながりますし、業務内容が決まっていることもあり、創造性やチャレンジ精神からは縁遠くなりがちです。営業日や営業時間についての定めなど、法規制による縛りが多いことも影響していると考えられます（規制は弾力化されつつありますが）。

もっとも、以前、日銀考査という、金融機関への立入調査の仕事をしていた際に感じたことですが、同じ銀行といっても、行風には明らかな違いがありました。慎重で手堅い、まさに銀行のイメージを地でいく先、より積極的かつ大胆に仕事を進める先、行内の空気が張り詰めている先、どことなくおおらかで自由な雰囲気がある先……日銀の建物で行うヒアリングではわからない微妙な違いも、現場に近いところに行くことによって、また、回数を重ねることによって、自ずとかぎわけられるようになりました。

バブル期の銀行――熾烈な競争の果てに

2017年11月は、北海道拓殖銀行や山一證券の破綻（1997年11月）から20年経ったということで、新聞や雑誌で関連の特集が組まれました。18年は、日本長期信用銀行や日本債券信用銀行の破綻（それぞれ98年10月と12月）から20年になります。80年代後半に日本経済を覆ったバブルが、90年代に入り破裂し、地価の急激な下落と不良債権の増加が、わが国の金融システムを危機に陥れました。

全体としては、また、伝統的には慎重であった銀行の文化が、まるで「人が変わったように」変貌した時期があります。言うまでもなくバブル期です。

85年9月のプラザ合意（レーガノミクスの下で強くなりすぎたドル相場を、協調介入などを通じて押し下げようという、先進5カ国の蔵相・中央銀行総裁による合意）に端を発した急速な円高に歯止めをかけるとともに、米国から要求のあった「対外不均衡是正」「内需拡大」を図るべく、長期にわたって低金利政策が続けられました。このようなマクロ経済環境のもとで、銀行は、不動産向けを中心に量的拡大競争に邁進します。

全国銀行の不動産業向け貸出残高は、86年から87年にかけ前年比2割から3割増となり、85年3月末の20兆円から88年3月末37兆円、さらに90年3月末には48兆円へと、5年間で2・4倍に膨らみます（この間、総貸出残高は、85年3月末267兆円から90年3月末454兆円へと、70％の伸び）。当時、銀行は、土地購入や建物構築、地区の再開発等の案件とセットで、企業や個人に、積極的に融資話を持ちかけていました。

こうした中、東京圏商業地の公示地価は、86年から87年にかけて前年比5割ほどの上昇が続きます。88年以降は、東京以外の地価の伸びが東京を上回るようになり、結局、80年代後半を通じて日本の地価は、消費者物価や名目ＧＤＰ（国内総生産）を大幅に上回る、高い伸びとなりました。

これら銀行による過熱融資に待ったをかけたのが、90年4月から実施された、大蔵省（当時）による不動産業向け融資の総量規制（不動産業向け融資の伸びを総貸出の伸び以下に抑える行政指導）です。地価上昇の全国的波及に歯止めをかけるべく導入されたこの規制は、想定された以上の効果を上げ、その後の長期にわたる日本の地価下落のきっかけとなります。

バブル期の銀行行動については、戦後の根強い土地神話のもとで、低金利政策により地価の上昇期待が一段と高まったというだけでなく、資金量（預金、金融債）や貸出といった量的な数値での序列にこだわる横並び意識がその背後にありました。

86年に住友銀行が、首都圏の平和相互銀行を吸収合併することで始まった、いわゆるFS戦争（富士銀行と住友銀行間の預金・貸出競争）は、金融緩和や預金金利の自由化という時代環境のもとで、ほとんどすべての銀行を巻き込む貸出競争に発展しました。

当時の大手行は、都市銀行13行、長期信用銀行3行、信託銀行7行の23行あり、資金量や貸出による、明確な順位がありました。そうした中、順位が逆転されることに我慢がならない銀行経営者が多かったのです。なお、日本銀行の現場でこうした銀行間の競争を見ていた筆者は、2017年、『バブルと生きた男　ある日銀マンの記録』（日本経済新聞出版社）を上梓しました。

97年に破綻した北海道拓殖銀行（都市銀行の中で下位行）は、北海道で圧倒的なシェアを占めていましたが、地元経済の成長に限界を感じ、バブル期後半から首都圏での貸出に注力したのち、地元北海道での大型リゾート案件に手を染めます。また、東海銀行（都市銀行の中で中位行）も、中京地区に本拠を構える銀行としては、これまた圧倒的な地位を誇っていましたが、首都圏での貸出競争に参加したのち、三和銀行との合併（ＵＦＪ銀行）を経て、現在の三菱ＵＦＪ銀行の一部になりました。

北海道は、インバウンド観光で今注目を浴びています。中京地区は、自動車産業を中心とする基幹産業が、バブル崩壊の影響をそれほど受けることなく、その後の日本経済を支えました。あくまで結果論ですが、両行とも、都市銀行としてのプライドを捨てて、地元中心に地道に営業していれば、現在、優良な銀行になっていたでしょう。

そのバブル崩壊による不良債権問題の深刻化に加え、銀行間の合併再編、自己資本比率規制による制約、収益重視の投資家からのコーポレートガバナンス強化などにより、銀行経営を巡る環境は一変しました。かつてのような量的重視、横並び意識はだいぶ薄れた感がありますが、「序列」にこだわる文化は、未だに根強いように聞いています。

強欲なウォール街

古今東西、物語上、金融業を営む者のイメージはあまりよくないもので、日本では、悪徳代官や家老と組んだ両替商（今でいう銀行）が、『水戸黄門』（１９６９年から40年以上にわたり、断続的に放映された時代劇ドラマ）にたびたび登場しました。西洋では、シェイクスピアの『ヴェニスの商人』に出てくる金貸しシャイロック（アントーニオに彼の肉1ポンドを担保に金を貸す）が有名です。

今日では、ニューヨークのウォール街が、国際金融センターのトップとして君臨していいます。アメリカ映画では、たびたびウォール街の「強欲な」人々と、一般社会からかけ離れた文化が主役となります。代表的な作品が、そのものずばりの『ウォール街』（87年）です。

証券マンで上昇志向の強い青年が、ある投資家（マイケル・ダグラス演じるゴードン・ゲッコー）と組んで、父親が勤める会社の買収案件に手を染めます。結局、ゲッコーにうまく利用されていたことを知った彼は、別の投資家の手を借りて買収を阻止しますが、最後は、インサイダー取引容疑で、ゲッコーともども逮捕されます。作品中、主人公を含めたウォール街の人々の派手な生活ぶりが描かれ、ゲッコーの「Greed is good（強欲は善だ）」という台詞が有名になりました。

この映画には続編があり、その『ウォール・ストリート（原題は前作と同じく Wall Street）』（2010年）は、ゲッコーが懲役刑を終え、出所した後が描かれますが、サブプライムローン問題やその後の金融危機が、時代背景として登場してきます。

ちなみに、ウォール街に関する作品の舞台になる金融機関は、主に投資銀行です。銀行の名前がついていますが、投資銀行（investment bank）は、日本の銀行の主な業務である預金・貸出は行わず、主に大企業や機関投資家、政府などを相手に、株式や債券の発行引受けや資金調達・M&Aの助言、さらに市場での為替を含むディーリング業務などを行っています。商業銀行（commercial bank、日本の銀行のイメージに近い）に比べ、少人数で多額の資金を動かし、従業員の報酬も高いとされます（その代わりスタッフの地位は不安定）。投資銀行と商業銀行では、企業文化がかなり違います。

なお、日本で銀行員のことを、バンカーと直訳して使っている例に出会うことがあります（例えば、将来就きたい職業はと問われ、銀行員をイメージしてバンカーと答える学生）。

しかし、バンカー（banker）は、もっぱら銀行の経営者や幹部を指し、一般行員は bank clerk、その上位の権限ある人たちは bank officer と呼ばれます。また最近では、投資銀行部門のスタッフを、広く banker と呼んでいるようです。

リーマンショックと個人主義

サブプライムローン問題と、それに続くリーマンショックは、金融機関経営やウォール街に大打撃を与えました。のみならず、実体経済にもマイナスショックが波及し、アメリカのみならず世界は、先進国を中心に深刻な景気後退に陥りました。

若年層を中心に失業率が急速に高まる中、「ウォール街を占拠せよ」運動が始まります。その際のスローガンは「We are the 99%」（所得の高い上位1%の富裕層が、全米資産の約3分の1を保有することを揶揄）で、年々拡大する所得・資産格差を問題視し、批判の矛先が、ウォール街とそこで働く人々に向けられました。

リーマンショックから10年近く経った現在では、失業率が劇的に改善し、危機対応で始まった大規模な金融緩和政策の正常化（いわゆる出口戦略）が、米欧の金融政策の焦点になっています。

金融危機後、当然ながら、なぜ危機が生じたかについて、様々な検証（暴露を含め）がなされています。金融機関については、過度なリスクテイクとそれを許したコーポレートガバナンスやリスク管理の不備が問われ、当局の規制監督の不十分さと合わせ、その後の監視体制の見直しやバーゼルⅢと呼ばれる自己資本比率規制等の強化につながります。

先述の『サイロ・エフェクト』の著者であるジャーナリストのジリアン・テットは、ケンブリッジ大学で社会人類学を学んでいただけに、「企業文化」をキーワードに、金融危機の背後にあるものを紐解きます。

彼女の著書『愚者の黄金』（日本経済新聞出版社）では、90年代に日本の銀行が危機に陥ったのは、日本の銀行経営者が自らの収入を増やしたかったわけではなく、集団主義文化の中で、一人では不健全な融資に反対意見を述べられなかったからであり、損失を隠蔽したのも、「恥の文化」によるものであるとします。一方、アメリカの銀行経営者は、強烈な個人主義に衝き動かされており、自らの収入の最大化を目指して競争していたとします。

また、全体的なものの見方や考え方の欠如（及びそれをもたらすタテ割り主義）が、CDS（クレジット・デリバティブ・スワップ）やそれを使ったシンセティックCDO（証券化商品の一種）といった新しい金融商品が、一人歩きするのを許したとします。ちなみに、彼女は、こうした技術革新に反対しているのではなく、それらを開発したチームは、金融の効率化がすべての関係者に利益をもたらすと思っていたからであると、擁護するところも見せます。要は、全体としてのバランス感覚です。

結論としては、「金融の文化を抜本的に見直す」ことを提唱しており、金融関係者は、「信用」を社会から孤立したものとして扱ってきたが、本来は、より広範な社会的関係を軸とする概念であり、「慎重さ、節度、バランス、常識といった美徳を取り戻す」ことが重要だとします。

90年代に、日本の銀行が不良債権の開示や処理に消極的であった背景には、不良債権の定義や開示の基準が十分に定まっていなかったことや、土地神話が根強かったことなどがあり、「恥の文化」まで持ち出す必要はないと考えます。しかし、自分たちが当然視していることでも偏った見方、考え方に基づくものである可能性があり、より全体的にものをみることや、不断に見直していく必要があることなどは、銀行に限らず、すべての産業や企業、当局にも当てはまります。最近話題となった、日本の大企業による品質検査に絡む不祥事も、同様の問題です。

上場によって犠牲になった企業文化

ＣＤＳなどのデリバティブ取引やＣＤＯなどの証券化商品の組成には、高度な数学的技術が使われます。それらを扱う計量ファイナンスの実務家のことを、クォンツと呼びます。デリバティブ取引の発達は、同時に、学問としての金融工学の発達や職種としてのクォンツの確立を伴っています。

クォンツという言葉がまだそれほど一般的でなかった頃、元ゴールドマン・サックス社員のエマニュエル・ダーマンが、『物理学者、ウォール街を往く。（原題は、My life as a

Quant)』（東洋経済新報社）を書きました。その冒頭、同じ投資銀行にも、トレーダーとクォンツの「二つの文化」が存在し、トレーダーはタフで物事をはっきり言うことに誇りを持っているのに対し、クォンツは慎重で感情は表に出さないことから、考え方や仕事の仕方が相当違うことを紹介しています（一言では、クォンツには学者が多い）。

ところが、リーマンショックを経てクォンツに対する評価は、一転厳しいものになります。ジャーナリストのスコット・パタースンによる『ザ・クオンツ』（角川書店）では、彼らもトレーダーと同じく欲望にあふれ、普通の人には理解できない物理学や数学を駆使するぶん傲慢で、金融危機に際してなすすべがない存在として描かれます。

このように映画にも描かれ、各方面から強欲ぶりが批判されたウォール街ですが、中心的なプレーヤーすべてが、ずっと前からそうだったわけではないようです。

かつて、全米1位の投資銀行であったゴールドマン・サックスの中堅幹部グレッグ・スミス氏（エグゼクティブディレクター、欧州・中東・アフリカでの米国株デリバティブ事業統括者）が同社を辞めるにあたって、ニューヨーク・タイムズ紙に投稿した「なぜ私はゴールドマン・サックスを去るのか」という記事が話題になりました（2012年3月14日付、同紙）。

内容は、チームワークや団結、謙譲の精神、そして常に顧客にとって良いことをするといった文化（culture）が、同社の成功にとって決定的に重要な点（vital part）であったが、今やそうした気風はなくなり、顧客からどれだけのお金が取れるかということに血道を上げているとの批判でした。

スミス氏は、同社の文化の喪失について、記事の中では経営トップの責任としましたが、長らくパートナーシップの未公開会社であった同社が、グローバル競争に勝ち抜くための資本力強化を目的に、１９９９年に上場したことが、影響しているとみられており、続けて書かれたスミス氏の著書『訣別　ゴールドマン・サックス』（講談社）からもそのことが窺われます。その意味では、企業が生き残るため、文化が犠牲になったということでしょうか。

ちなみに、同社の歴史については、コンサルタントのチャールズ・エリスの『ゴールドマン・サックス』（日本経済新聞出版社）に詳しく描かれています。その原題が“The Partnership”とあるように、その躍進の背景には、パートナーシップ制度のもとでの結束力、機動力、道徳心があったとします。

１９７０年代後半、当時の同社の幹部のひとりであったジョン・ホワイトヘッドは、「企業独特の風土はその成長と成功を左右するものだ」との信念を持っていましたが、逆に会社の成功と成長のせいで風土が危機にさらされることを懸念し、当時明文化されていなかった企業理念を書き抜いて印刷し、社内に配布しました。前述したスミス氏の投稿に書かれたような価値観がそこには記されており、その後長きにわたって使い続けられたとのことです。

儲けすぎると問題？となる日本の銀行

約10年前のことですが、日本銀行は、海外の銀行に比べ日本の銀行の収益性が低いことを問題視していました（例えば、金融システムレポート２００７年９月）。個々の銀行の収益力が劣ることは、金融システム全体の頑健性に関わるという発想です。

その意味では、「強欲さ」が足りないことが問題でした。この点、当時のあるフィナンシャルグループ・トップが語ったこととして、「日本では銀行が儲けすぎると、いろいろなところから叩かれるんですよ」との発言が行内で伝わってきて、銀行の微妙な立場（直接は関係ありませんが、銀行法第１条には、銀行業務の「公共性」という言葉も出てきます）に、同情しました。

その後、サブプライム問題やリーマンショックを経て、欧米の銀行の収益力は一時大きく低下しましたが、最近は回復傾向にあります。一方で、こうしたショックの洗礼を直接受けなかった日本の銀行の収益力が、最近低下傾向にあり、問題となっています。すなわち、「儲けすぎる」ことを心配するどころか、銀行によっては、将来の存続そのものに黄色信号が灯っているのです。

まず、17年10月に公表された日本銀行の金融システムレポートでは、マイナス金利政策が銀行収益を圧迫して、金融仲介機能にマイナスに働いているとの批判を気にしてか、国際比較をもとに、日本の金融機関の収益力低下の背景には、低金利環境だけでなく、従業員や店舗数など、需要対比で過剰（オーバーキャパシティ）という構造的要因があるとします。このため、収益源の多様化とともに、効率的な資源配分と従業員の生産性向上、金融機関間の合併統合や連携などを求めています。

一方、金融庁は、よりビジネスモデルに着目します。

同庁は、かねてより地域銀行について、「全国的な人口減少に伴う貸出規模の縮小が予想される中で、すべての銀行が貸出の量的拡大を目指すビジネスモデルは、全体としては中長期的に成り立たない」（金融レポート）との見方を示してきました。

そして、16年9月に公表された同レポートでは、顧客向けサービス業務（貸出・手数料ビジネス）の利益を試算し、2025年3月期には約6割の地銀でマイナスとなる（いわば本業が赤字）という、ショッキングな結果を示しました。

このため、「事業性評価に基づく融資や（企業の）本業支援等を通じて、地域産業・企業の生産性向上や円滑な新陳代謝の促進を図り、地域経済の発展と自らの経営基盤の安定を目指す」（同レポート）というビジネスモデルを理想形とし、検査等でも検証を進めています。

レポートの中では、特徴ある取り組みをしている地銀をいくつか紹介し、経営陣が、ビジネスモデルの転換の方向性を経営理念として明確化し、組織文化として根づかせるべく、行内への浸透に腐心している例を挙げています。さらに、結論として、「ビジネスモデルの転換に取り組んでいこうとする組織文化の存在が、持続可能なビジネスモデル構築のための重要な要素である」と結論付けています。

「銀行」が変化せざるを得ない3つの理由

こうした状況の中で、強固に見えた銀行文化は、今後変化していくのでしょうか。

結論からいえば、変化する、というより、変化せざるを得ないと思われます。この章の冒頭で書いた、金融業の特殊性や銀行員のイメージを規定するのに貢献した3つの要素が、徐々に消えていくからです。

第一に、ビジネスモデル、つまり業務内容が変化していきます。当局が特定のビジネスモデルを推奨するのは感心しませんが、大手行・地域銀行を問わずみられた従来の、「横並び」「総花式」経営は、人口減少社会の中で、いずれ行き詰まります。

経営学の世界ではすでに古典になりつつある、ハーバード・ビジネススクールのマイケル・ポーターが1980年代に提唱した3つの基本戦略、①コスト・リーダーシップ、②差別化、③集中——のうちからいずれかを選んでいくことになるでしょう。ここでは、「横並び」の文化は通用しません。

ビジネスの方向性ですが、全体としては日本経済が成熟化していく過程で、銀行業務においては、従来の金融仲介から、「助言」に軸足を移していくと考えられます。その際、前述の金融レポートにある企業の本業支援だけでなく、資産運用、事業承継とM&A仲介、中小企業の海外展開、スタート・アップ（起業）、など、助言が必要とされる分野やニーズは、今後ますます増えるでしょう。助言サービスは、何より相手に寄りそうことが求められます。

なお、資産運用については、イギリスのエコノミスト（あまりに多方面で活躍したキャリアを持つので、この表現でいいかどうかわかりませんが）のジョン・ケイは、最近の著書『金融に未来はあるか（原題は、Other People's Money）』（ダイヤモンド社）の中で、投資銀行的なトレーディング文化が「金融業全体を汚染してしまった」と嘆き、「文化を変えることの必要性」を強調します。そして、預金を受け入れる狭義の銀行とならんで、資産運用会社が金融業の中心になるべきだとします。ちなみに彼は、2010年にイギリスで策定され、その後日本にも導入されたスチュワードシップ・コード（機関投資家の行動規範）の提唱者でもあります。

第二に、デジタル革命の影響が本格的に金融業界に及んできます。

ついこの間まで、フィンテック（Fintech）という用語を、金融業界の中ですら「新しい造語」程度にしか認識していない人が多かったように思います。しかし、AIやブロックチェーンといった新技術は、金融業の世界を、一気ではないにせよ、劇的に変える可能性をはらんでいます。

前述の資産運用の世界では、すでにAIによる運用が増えているだけでなく、金融市場のトレーダーも、将来はロボット化が進むといわれています。伝統的な銀行業務の貸出における信用リスクの評価はAIに馴染みます。

個人金融の世界でも、ミレニアル世代（80年代から2000年代初頭に生まれた、デジタル・ネイティブな人々）が社会人の中核を占めるにつれて、スマホを使った決済や定型ローンが中心となり、銀行の支店やその店頭にあるATMに足を運ぶ人はいなくなるでしょう。店舗での対人業務は、前に述べた助言が中心になりますが、金融商品のアドバイス程度ならAIを使ったロボットが対応するでしょう。

新技術の導入は、必然的に外部、とくに文化が異なるIT関連の人や企業との協業を求められますし、仕事のやり方が変わることは、意識の変革（外部の銀行員をみる目を含めて）をもたらし、文化に影響します。

第三にグローバリゼーションのさらなる進展です。

銀行自体の国際化は相当以前から進んでおり、今さら感がありますが、大手行は、もっぱら海外市場でしか大きな成長は望めませんし、地銀以下の業態も、取引先中小企業の海外進出やインバウンド観光の増加などを通じて、直接間接を問わず、異文化とのコミュニケーションを余儀なくされます。地元や身内でのみ通用した考え方や振る舞いは、もう古いとされかねないのです。

「銀行はもういらない」というショッキングなタイトルの特集が雑誌で組まれる時代になりました。街から銀行が消えるなんて信じられない、そんなバカなと、銀行員を中心に思っている人が多いと思います。しかし、こう考えてください。あなたが銀行に立ち寄るとき、それは行きたいから行っているのですか、行かなければいけないから行っているのですか。

多くの人は後者だと思います。ネットショッピングが普及しても、楽しいからお店やショッピング・モールに出かける人はいるはずで、そうであればなくなることはありません。銀行の店舗も、積極的に訪ねてみたいと思われない限りは、スマホを含む機械サービスに置き換わる日が来るでしょう。かつての店頭窓口での預金払い出しが、コンビニを含むＡＴＭでの預金払い出しに置き換わったように。

コラム

企業文化の価値とは

企業文化に関する実証研究は、文化を数値化することが難しいためそう多くはないのですが、ときに引用されるもののひとつに、アメリカやイタリアの経済学者による共同執筆の論文“The value of corporate culture”(Luigi Guiso, Paola Sapienza, Luigi Zingales、Journal of Financial Economics117<2015>)があります。その冒頭に、学術論文には珍しいケースですが、前述のニューヨーク・タイムズ紙へのグレッグ・スミス氏の投稿「なぜ私はゴールドマン・サックスを去るのか」が引用され、それが、企業文化に関する研究の動機になったと書かれています。

彼らが企業のウェブサイトから抽出したところ、S&P500社の85%が、行動原則や価値観といった企業文化を公表していました（多かったキーワードは、innovation、integrity、respect など）。もっとも、それらと企業業績の関係を調べると、有意な結果は出ませんでした。

一方、"Great Place to Work Institute" という機関（GPTWI、1000社以上のアメリカ企業の従業員を対象とするサーベイを実施）のデータをもとに、「従業員の立場から見た」integrity（誠実さ）の高い企業ほど高業績であることが、統計的に確認されました。すなわち、企業（経営者）が、外に対しあるいは従業員に対してどのように言っているかではなく、社員が内心どのように感じているかが重要だというのです。経営者にとっては、痛い指摘かもしれません。

第5章で取り上げた企業不祥事ですが、多くの企業が、すでに行動規範や倫理綱領を定め公開しています。そのほとんどで、品質第一、顧客重視、従業員の生活重視、社会への貢献、法令等遵守などが挙げられています。うわべでない真の「誠実さ」が重要なキーワードのようです。

（参考）ＧＰＴＷＩの活動は、欧州や中南米、アジアなど世界的に広がっており、日本でも、ＧＰＴＷジャパンが、「働きがいのある会社」調査とそのランキングの公表を行っています。

第　7　章

未来の企業、未来の文化

「待ったなし」のオープン・イノベーション

第2章でも取り上げましたが、ここ数年、急速に人口に膾炙(かいしゃ)するようになった言葉が、オープン・イノベーションです。組織内で基礎研究から製品開発まで一貫して行うやり方(クローズド・イノベーション)ではなく、企業内部のアイデアと外部のアイデアを対等に扱い、有機的に結合することにより、新たな価値を生み出すというものです。

2003年にヘンリー・チェスブロウ(当時、ハーバード・ビジネススクール。現在、カリフォルニア大学バークレー校)がこの概念を提唱し、一躍脚光を浴びました。その背景にあったのは、半導体分野で、大規模な中央研究所を誇っていた大企業のイノベーションが停滞する一方で、外部の研究所や大学との共同研究活動を積極的に進めた新興企業(例えばインテル)が、目覚ましい成長を遂げていたことがあります。

もともとシリコンバレーでは、オープン・イノベーションが当然のごとく行われていましたが、事態は、チェスブロウが想定したペースをはるかに上回って進展しているように思えます。本書の問題意識の根底にある、AIやIoT、ロボットの活用やエネルギー革命といった新しい波が、すべての業界を巻き込んで押し寄せています。こうした中、グーグルが積極的にベンチャー企業を買収（場合によっては、売却）していることはよく知られています。

イノベーションと、それに合わせた事業構造の転換という点で、現在、とくに注目されるのが、自動車産業です。マネジメントの研究で知られるカナダ・マギル大学のヘンリー・ミンツバーグは、著書の中で、「今は変化の時代である」との先入観でマネジャーの仕事も同様であると思わないようにと釘を刺し、マネジメントのやり方同様、基本的な性格が変わっていないものとして、内燃エンジンで走る自動車を挙げました（『マネジャーの実像』、日経BP社）。

しかし、その自動車産業が、自動運転技術の進歩だけでなく、電気自動車の普及に向けた加速化の中で、大きな変化を遂げようとしています。最近の例では、トヨタ自動車とマツダの資本提携や、デンソーをも含む3社の提携などがあります。さらにトヨタは、車載用電池事業に関しパナソニックとの協業の可能性について公表しています。電気自動車の分野ではかねてより、先行するテスラを巡る提携の動きが取り沙汰されるとともに、軽量化のための車体の素材など、多産業を巻き込んで、一体何が飛び出すかわからない状況です。

オープン・イノベーションでは、単なる出資や、分担を主体とする共同研究を超えた、「協働」による新たな価値の創出が求められるわけですから、当然そこでは、意識や考え方、働き方の違いが前面に出てきます。自分たちと異なるものを受け入れる「度量」の大きさが、オープン・イノベーションの成否を握るといっても過言ではありません。

いかにして度量を大きくするか。普段からそういうものを組織として身につけておくこと、そういう企業文化が必要だといってしまえば、身も蓋もありません。まずはトップ主導で、オープンマインドの重要性を説くとともに、外部とのネットワーク作りを奨励するための仕掛けを制度的に担保（時間、資金面での支援など）し、そこでの情報を共有するなど、組織としての感度を高めておくことが、いざというときのために必要でしょう。

いずれにしても、オープン・イノベーションは待ったなしの流れです。乗り遅れることのリスクを認識しなくてはいけません。

自前主義からクラウド文化へ

クラウドサービスとか、クラウドコンピューティングという言葉をよく耳にします。インターネット上のサーバーを利用して、ソフトウエアやデータベースを活用することで、いつでもどこでも欲しいデータにアクセス可能となり、その説明を聞くだけで、特定の端末からしかアクセスできない、閉ざされた空間での情報処理に比べ、利便性が格段に向上することがわかります。今やクラウド・ビジネスは、アマゾン、グーグル、マイクロソフトなどＩＴ巨人たちの主戦場になっています。

「自前」のものから脱するという意味では、シェアリング・エコノミー（共有型経済）も、しきりにいわれます。物や場所、サービスなどを多くの人と共有したり、交換したりする仕組みや現象で、インターネット上のプラットフォーム（ソフトウエアが作動するための環境・基盤）を利用することで、こうした動きが爆発的に広がっています。

ちなみに、学生と話していると、自前へのこだわりが本当になくなっているのがよくわかります。安くて便利であれば、それを生み出すのに自分が関与するか、自分の持ち物であるかどうかは関係ありません。

オープン・イノベーションにせよ、クラウドやシェアリング・エコノミーにせよ、「開いたり、開かれている」ことは、組織の発想や行動形態に大きく影響します。

文明評論家で各国政府や首脳にも影響力を持つといわれるジェレミー・リフキンが書いた『限界費用ゼロ社会』（ＮＨＫ出版）という本があります。将来社会を展望する、読み応えのある文明論ですが、そこで強調されているのは、生産性を向上させ、価格を引き下げる新しいテクノロジーのイノベーションが生まれることで、「限界費用」（財やサービスを1単位追加生産するのに必要なコスト）がほぼゼロに近づき、経済社会に大きな影響を与えるというものです。事実、多くの情報がほぼ無料で人々の手に渡ることによって、出版、通信、娯楽といった業界は大打撃を受けています。本書の範疇から外れますが、政治の世界にも影響を与えています。

リフキンがとくに注目しているテクノロジーが、知的インフラとしてのＩｏＴ（インターネット上であらゆるモノがつながること、その成果である新たなサービス）です。リフキンは環境問題にも関心が深く、ＩｏＴを含む第三次産業革命は、これまでの産業革命と異なり、地球上にある無数の生態系を断ち切って人間が囲い込み、利用するのではなく、生態系の中に人間が溶け込むことによって、それを危うくすることなく生産性を上げることができるようになるとしています（具体的には、センサーの設置によりリアルタイムで自然界の各種データを得ることなど）。

リフキンは、ＩｏＴがビジネスモデルに影響する例として、独シーメンス社では、従来タコツボ化していた各事業部門（ＩＴ、エネルギー、ロジスティクス、インフラ）がＩｏＴによる包括的なソリューションを提供するために、協働せざるを得なくなったことを挙げます。

「協働」はまさに新しい経済社会のキーワードであり、コモンズ（共有地と訳されることが多いが、もともとは「誰の所有にも属さない」放牧地の意味）と組み合わさった「協働型コモンズ」が台頭してくると予想します。

しかも、協働型コモンズにおけるイノベーションと創造性の大衆化からは、金銭的な見返り以上に、社会的福祉を増進したいという新しいインセンティブが創り出されるとします。そういえばインスタグラムは、明らかに、プロシューマーと呼ばれる生産者であり消費者である存在を多く生み出しています。仮にこうした波が大きくなれば、市場や資源の囲い込みによる利潤創出を目的としたこれまでの企業の文化にも影響を与えるでしょう。

建設機械のコマツは、ＧＰＳ機能や各種センサーを備えた全自動ブルドーザーをいち早く開発するなど、オープン・イノベーションによるテクノロジーの深化で定評がありますが、２０１７年７月、やはり他社との協働により、ＩｏＴのコンセプトに基づいて、建設業務のプロセス全体をつなぐ新プラットフォーム「ＬＡＮＤＬＯＧ」の企画運用を発表しました。

ちなみに、同社には、「コマツウェイ」と呼ばれるものがあり、それには、「マネジメント編」、「モノ作り編」、「ブランドマネジメント編」の３つからなる、全社員向けの共通編と、関係各部門がそれぞれにまとめた職種編があります。コマツウェイは、創業者の精神（創業は１９２１年）をベースに、同社の強みやそれを支える信念、基本的心構え、行動様式などを明文化したもので、全社員に浸透させるよう、伝承・定着を図っているとのことです（同社のウェブサイト）。

ＩＴ企業の「ビッグ5」は、どんな会社？

アップル、アルファベット（グーグルの持株会社）、マイクロソフト、アマゾン・ドット・コム、フェイスブックのＩＴ企業「ビッグ５」は、収益力や成長性を反映する時価総額の大きさに加え、データや技術、人材など多方面でニュー・モノポリー（新たな寡占）を形成しつつあるといわれます。デジタル革命の波に乗るこうした巨大企業の文化が、かつて産業界に君臨した巨大企業（たとえばＧＥやＩＢＭ）の文化とかなり異なるであろうことは、容易に想像できます。

スタンフォード大学の同窓生であるラリー・ペイジとセルゲイ・ブリンによって、１９９０年代末に創設されたグーグルには、２００１年、科学者でサン・マイクロシステムズの役員だったエリック・シュミットが入社し、ＣＥＯや会長を務めました（現在、アルファベットの会長）。そのシュミットが、同僚のジョナサン・ローゼンバーグとともに書いた『How

Google Works 私たちの働き方とマネジメント』（日経ビジネス人文庫）は、グーグルという企業を知る上で欠かせない本となっています。

同書では、「はじめに」に続く最初の章が「文化　自分たちのスローガンを信じる」になっているように、グーグルの企業文化が全面に取り上げられています。ちなみに、シュミットは、「クラウド」という言葉の生みの親ともいわれています（グーグルの「Gmail」は、代表的なクラウドサービスのひとつ）。

グーグル文化の主役は、シュミットが「スマート・クリエイティブ」と呼ぶ、ビジネス感覚、専門知識、クリエイティブなエネルギー、自分で手を動かして業務を遂行しようとする姿勢を基本的要件とする、新種の人材です（潜在的にはどこにでもいる）。今や、あらゆる企業はプロダクト開発プロセスのスピードと、プロダクトの質を高めることが最優先課題であり、その点、スマート・クリエイティブは、インターネットの世紀での成功のカギを握る存在とします。

ただし、彼らをマネジメントすることは従来型の経営モデルでは不可能であり、特定のモノの考え方を押しつけるのではなく、彼らがモノを考える「環境」をマネジメントするしかないという、従来のマネジメントの概念をくつがえすようなことを提唱します。だからこそ企業文化を重視するのであり、起業の際には、最初にどんな文化を作りたいか考え、明確にしておいた方がよいとアドバイスします（文化を重視していた企業の例としては、前述のHPウェイが紹介されます）。

具体的に「文化」の章でまず挙げられているのは、ラリー・ペイジがグーグルのウェブサイトで検索してみたところ、検索結果や広告表示に不満だったので、「ムカつく！」との記載とともにそれをキッチンの掲示板に貼り出したところ、修正を命じられてもいない、かつ直接の担当でもないエンジニアたちが直ちに解決策を考案し、それが新たな収益源になったというエピソードです。

続いて紹介されるのは、創業者2人が04年の株式公開の際に目論見書に添付した、「創業者からの手紙」にある企業理念や価値観であり、「長期的目標に集中する」「（目の前の顧客ではなく）エンドユーザーの役に立つ」「邪悪になるな」「世界をよりよい場所にする」といったスローガンです。とくに「邪悪になるな」（Don't be evil）は、グーグル文化に関してよく引用されるフレーズです。

このほかにも、

①外部からは贅沢といわれる、充実した福利厚生施設がある一方、オフィスは狭くて窮屈

である――コミュニケーションやアイデアの交流を促進するため

②オフィスのカバの言うこと（英語でカバはＨＩＰＰＯだが、この場合、Highest-Paid Person's Opinion、一番エライ人の意見）は聞くな――文字通り従わないという意味ではなく、「誰のアイデアか」ではなく、「まともなアイデアか」が重視される職場であるべきという考え

③マネジャーは最低7人の部下をもつ――直属の部下が少ないと、従業員に過大な干渉をするため

④組織は事業ごとの独立採算制にせず、エンジニアリング、プロダクト、財務、セールスなど、機能別にする――独立採算制は、人々の行動を歪めるリスクがある

⑤組織再編は1日で済ませる

など、一般に行われていることとは、逆なことが書かれています。

さらに、イノベーションの章では、イノベーティブであろうとする企業は、まず創造に必要な多様な要素が自由自在に衝突しあうような環境（著者は、これを「原始スープ」と呼ぶ）に満たされた企業文化を生み出し、維持する必要があるとします。

ここで、19世紀にトーマス・エジソンが設立した研究所が、「とにかくやってみる」の精

神で有名だったとの例が引き合いに出されますが、日本では、サントリー創業者鳥井信治郎の名言とされる「やってみなはれ」が有名です。また、3Mの「15%ルール」同様、グーグルにも、エンジニアに仕事時間の20%を好きなプロジェクトに使うのを認める「20%ルール」があると紹介されています。

ポスト・カリスマの企業をどうする?

グーグルと何かにつけ比較される存在なのが、かつてスティーブ・ジョブズが率いたアップルです。iPodやiTunes、iPhone、iPadなど革新的なアイデアや製品を次々に送り出し、音楽や携帯電話、パソコンなど各業界のビジネスモデルを大きく変えました。

経営学では、「破壊的イノベーション」(既存の市場を破壊するほどの革新)や「ゲーム・チェンジ」(自らが有利になるために競争のルールを変えること)の例として、よく取り上げられます。また、偉大な創業者が去った後も企業がこうしたイノベーションやゲーム・チェンジを遂げるためには、そのために必要なエネルギーや柔軟性を備えた組織文化を育む必要があるともいわれます。

ジョブズ死後のアップルについては、ジャーナリストの手による『沈みゆく帝国』（ケイン岩谷ゆかり著、日経ＢＰ社）で描かれています。それによると、ジョブズが、自ら創業したアップルをいったん解雇されたあと、数年経って復帰する際（１９９６年）、まず行ったことは、自分がいない間に染み付いた大企業病と呼ばれる企業文化の建て直しでした（例えば、ランチに使う豪華な食器を社員食堂用のありふれた食器に交換したことなど）。一方で、大胆なリストラを行ったこともよく知られています。

その後のエピソードの中には、アップルの（激しい口調でのやり取りやプレッシャーにも耐えなければいけない）文化に合わないといって去って行った人たち、グーグルのアンドロイド（スマホの基本ＯＳ）のインターフェイスがｉＰｈｏｎｅを真似したと問題視する中での、同社のスローガン「邪悪になるな」はうそっぱちだとジョブズがののしるシーン、などもありますが、革新者という意味でジョブズが偉大なリーダー、カリスマであったとの評価に変わりはありません。

ただし、ジョブズの生前から、偉大な帝国ならではの社内外の様々なきしみが目立ち始め、死後はとくにイノベーションの停滞が見られる、すなわちアップル自身がイノベーションのジレンマに陥っている可能性があるという点を指摘します（２０１４年時点）。

なお、アップルの業績自体は、スマホ関連サービス・アプリの増収などから現在に至るまで好調で、時価総額は、ビッグ5だけでなく全企業のトップを維持しています（17年末）。その一方で、グーグルやアマゾンに比べると「革新性に乏しい」との指摘が投資家の間でなされているとの報道もよく目にします。前述した「イノベーションやゲーム・チェンジを遂げるために必要なエネルギーや柔軟性を備えた組織文化」が根付いているかどうか、今まさに試されようとしています。

科学は文化を超えるのか

「社会物理学（Social Physics）」とは、人の行動に関するビッグデータを解析し、情報やアイデアの流れに関する数理的関係性や法則を導き出そうとする新たな学問領域で、マサチューセッツ工科大学での研究が有名です。同大学のアレックス・ペントランド教授は、著書『ソーシャル物理学』（草思社）の中で、分析や実験を通じて「アイデアや情報の流れが、どのように人の行動の変化をもたらすか」を考察したことや、この結果を組織の創造性や生産性の改善につなげた具体例を紹介するとともに、都市全体など、より大規模な形で知見を活用することを提案しています。

教授が重視する概念の中に、「エンゲージメント」があります。エンゲージメントとは、最近、経営学や人事管理において、企業と従業員とが、互いに相手を高めることに価値を見出す関係性があることを示す言葉として使われるようになりました。その意味で、単なる帰属意識や忠誠心、従業員満足度とは異なります。

教授は、エンゲージメントを、グループ内で行われる「社会的な学習」や「協調的な交流」ととらえ、それが活発なグループの方が、生産性が高くなる傾向があるとします。社会的な学習とは、グループでの経験や観察を通じて新しい考え方を学ぶことを意味し、それはやがて、「行動規範」や、その遵守を促す「社会的圧力」（ここでいう社会とは世の中という意味ではありません）の形成につながっていきます。

また、協調的な交流も、信頼感の醸成を通じて、他人との関係を重視する価値観を高め、同じく社会的圧力の土台となります。すなわち結論として、エンゲージメントは文化を作るとしています。このプロセスは、前章のコラム「企業文化の価値とは」で紹介した「誠実さ」にもつながるかもしれません。

さらに研究によって、ソーシャルネットワーク・インセンティブが、このプロセスを加速することが判明したそうです。ソーシャルネットワーク・インセンティブとは、業務で社内

ＳＮＳを活用した度合いに応じたメリットをつけるというものです。組織学習力を高めるための手段として、メール、電話、直接対話などのうちどの手法がよいのかということに関しては、かねてより議論や研究があり、前述のグーグルでは、あえて狭くて窮屈なオフィスにすることにより、直接対話によるコミュニケーションを促しています。オフィス環境にもよりますが、ＳＮＳの活用は面白いアイデアと思われます（ＬＩＮＥなどを用いてすでに一部の企業で始まっています）。

筆者が「社会物理学」に興味を持ったのは、企業文化がどのように形成されるのか、より具体的にわかれば、それを新たな文化の形成に役立てられると思ったからです。創業者の信念の伝承、長期にわたる雇用、成功体験、採用プロセスでの人材選抜など、企業文化の形成にはいろいろな要因が働きますが、結果としての文化の形成ではなく、意図的な文化の形成です。将来、個々の人事管理は、後述するＡＩに任せて、組織文化の形成の企画が、人事部の仕事になる日がくるかもしれません。

ＡＩがいかに優れているか、どのように活用すればよいのかを述べることは、本書の目的ではありません。ただいえるのは、経済社会を大きく変えるテクノロジー（少なくともそのひとつ）であることは間違いなく、ＡＩとの親和性やその許容度によって、企業業績に大きな格差が生じてくることでしょう。

近年、「シンギュラリティ」という言葉が注目されています。技術的特異点と訳される、ＡＩが人間の知性を超える時点のことで、２０４５年という具体的な数字がいわれています。

これを含めて、ＡＩが経済社会に与える影響については、ベストセラーになった『人工知能と経済の未来』（井上智洋著、文春新書）にわかりやすく書かれています。そこでは直接触れられていませんが、私の関心事は、企業文化を身につけた人工知能が誕生するかということです。

同書によると、現在のＡＩは、すべて特定の目的・課題に対応した「特化型ＡＩ」であり、人間の知的振る舞いを一通りこなし、あらゆる課題・目的に対応できる「汎用ＡＩ」の開発が、世界的に進められています。そして、これにより、ＡＩがどこまでイノベーションや芸術作品を生み出せるかが議論されているとのことです。

私は、一応芸術系の大学に所属していますので、後者の点にも関心がありますが、作曲についていえば、ＡＩと人間の間には「感覚の通用性」がないため、過去のヒット曲をもとにヒットしそうな曲を作ることはできても、「人間にとって心地が良くてかつ画期的なメロディ」を作ることは難しく、イノベーションにおけるアイデアについても同じだそうです。

だとするならば、データや与えられる要件を基にした分析や判断はできても（例えば、人材採用）、企業文化の核とされる価値観や信頼をもとに、新たな事態に対応することまでは、期待できないということになります。あくまで、当分の間だと思いますが。

コラム

大学という閉鎖社会

最近、大阪大学での入試ミス（問題は、ミスそのものではなく、外部から再三指摘があったにもかかわらず十分な検証を行わず、結果的に長期にわたり問題を放置した体制なり対応）や、京都大学でのｉｐｓ細胞論文についての不正など、大学を巡る不祥事が相次いでいます（いずれも２０１８年1月公表）。

一方、オープン・イノベーションの重要な要素である、大学と企業の協働は、日本の場合まだ十分ではないとの指摘があります。日本経済新聞の村山恵一コメンテーターは、この点に関し「研究者よ、革新の輪に入れ」と題して、大学や研究者の奮起を強く促しています（17年1月17日付、同紙）。

こうした状況は、不祥事に悩み、かつさらなるイノベーションを求められている産業界に似た構図といえなくもありません。

村山氏が紹介するのは、「日本の大学の技術シーズ（たね）にはポテンシャルがあるが、世に出ていない」というベンチャー・キャピタルトップや、「理論でリードしながら産業にする人脈がなく、タコツボ化していた」という大学教授のコメントです。結論として、大学や研究室の殻に閉じこもるのではなく、外部の人材や技術を吸収する広い視野と度量が欠かせない、その意味で「大学教員の意識改革が必要」というものです。

大学と企業の協働については、企業サイドに抵抗はなく、これを生かすも殺すも大学や研究者側の意欲次第であることから、氏の意見にまったく同感です。先に大学や研究者の不祥事を持ち出しましたが、大学が閉鎖社会である、あるいは独特の文化を持つという点で、共通の真因があるように私には思えます。

以下、日本銀行勤務時代から、直接、間接を問わず大学関係者とコンタクトしてきた経験を基に述べます。

第一に、世の中におよそビジネスとまったく関係ない人間活動や分野は、限りなく少ないと思いますが、学問とビジネスの精神的距離は恐ろしく遠いものがあります。義務教育以来の長年のマインドセットによるのだと思いますが、そもそも企業に入りたくない、ビジネスや経営に関わりたくない子供や青少年が、「純粋」である学問の世界を志す（あるいは結果的に残ってしまう）ケースが少なくありません。

第二に、そうやって入った学問の世界ですが、今や極めて細分化、専門化されており、ピア・レビューというその道のプロ（失礼）による評価が基本になるため、学際的な研究や革新的なアイデアが日の目を見る機会が少なくなります。学会という限られた人的ネットワークは、第2章のイノベーションのところで紹介した「知の深化」には役立っても、「知の探求」にはむしろ制約になるかもしれません。

ちなみに、筆者は、学会の意義そのものを軽視しているわけではありません。ただ、あまりにも所属学会やそれを通じたネットワークに依存する研究者が多いのと、まさに学際分野である「複雑系」（定義はいろいろあるが、個々の要因が複雑に重なり合うことにより、新たな様相や現象が生じること）に関する組織としての学会がないことに象徴されるように、総合的、包括的な研究がなされるインフラがありません。

また学問の世界の縦割り主義が、個々人の考え方や企業内の人事配置やキャリアにも影響を与えるのか、理系・文系の分野に関係なくビジネスで活躍する人が、ＩＴ業界を除けば少ないようです（個人的には、エンジニアは経営向きだと思いますが）。

第三に、研究者には、それなりに時間的制約がある中で、あえて外部、とくにビジネス界に接近するインセンティブがありません。インセンティブには、大きく分けて業績評価と金銭的支援（具体的には研究費の助成）がありますが、前者について、学術誌への論文投稿や学会報告、それらに一般学外活動を含めた学内評価等において、「世に出ること」や「世のため、人のため」がそれほど重視されているとは思えません。金銭的支援について、研究者が最も頼りにしているものとして、日本学術振興会の科学研究費助成事業（いわゆる科研費）があります。もちろん採択にあたって社会的必要性は問題になりますが、抽象的にではなく、もっと具体的な企業等のニーズを踏まえるとなると、将来的な展望となります。

第四に、そもそも大学に「経営」という概念がほとんどありません。多くの大学で何らかの形で経営学が教えられているにもかかわらず、です。結果、効率的な資源配分は学部学科や教員自身の抵抗もあり行われません（「機会費用」という概念が大学や教員にはないのか、ガス抜きを目的としただらだら会議が横行します）。

この背景として、「教育」や「学問」を神聖視する考えが現場に根強く、経営の概念の受け入れを拒んでいることも挙げられます。また、国公立大学には、いまだに「官」として「民」と距離を置く感覚が残っているのではないでしょうか。研究者というより大学として、企業名と並んで大学名が表示されることに心理的抵抗があるという話はよく聞きます。こういう中では、「近大マグロ」（近畿大学によるマグロ養殖研究が、民間企業とのコラボで本格的に事業化）は生まれにくいでしょう。

なお、科研費に絡んで、日本学術振興会のウェブサイトに毎月、「私と科研費」と題するエッセイが掲載されます。内容はバラエティに富み、当該分野にまったくの門外漢である私でも、大変興味深く読ませてもらっています。比較的最近のもので、本コラムに関係する指摘を2つばかり紹介します。

①今野美智子お茶の水女子大学名誉教授（平成29年3月）

「これまで、研究者といったとき、大学の研究者を主体に考えてきた。アカデミックな研究に携わる研究者を育てることのみでなく、今後、技術の開発において企業に携わる多くの応用技術者を養成することが必須である。大学の役目を考える時期に来ている。（略）これからは、基礎研究と、その先に発展させる研究を見据えた研究者の養成をすべきである。科研費も見直す時期に来ている」

②氷見山幸夫北海道教育大学名誉教授（平成29年10月）

「（科研費について）厳正でフェアな選考メカニズムがあるものの、斬新な研究、真に学際的な研究、学界に強固な基盤を持たない研究にとっては非常に厳しいものである」

企業文化と同様、大学の文化を変えることは容易ではありません。しかし、手始めに、大学・企業間の人事交流を、形だけでなく、「実効的に」やるだけでもだいぶ違うのではないでしょうか。企業側にも大学のニーズがダイレクトに伝わります。

実効的にというのは、単に人事発令をすればよいというものではなく、異動を円滑にするためのバックアップ、できればコーディネーターをつける必要があるということです。大学と企業では、リテラシーが異なります。これは、文字通り言葉が違うことがあります。私も大学に来るまで、大学間の人事異動の際、「割愛（かつあい）」という言葉が使われ、その手続き（願いや承諾）があることを知りませんでした（公務員の異動に関してもあるらしいとのことです）。

逆に、大学から企業へというパターンも、当然あっていいわけで（現実には、その間の担当科目を誰が担当するかという、現場にはシビアな葛藤がありますが）、アメリカでは、大学教員が企業で実際に働くことで得た知見が、研究成果となり、社会に広く受け入れられる例がいくつもあります。有名な例として、ダートマス大学のビジャイ・ゴビンダラジャンが提唱したリバース・イノベーション（先進国で開発→新興国・途上国への移植という、通常のイノベーションの波とは逆に、途上国で最初に採用されたイノベーションが、先進国へ逆流する現象）は、彼がコンサルティングを通じて直に接した、GEのヘルスケア部門の話が基になっています。

日本の大学文化が変わるときが、それこそ日本が変わるとき、というのは、言いすぎでしょうか。

第 8 章

企業文化を
ソフトパワーに変える

企業のジレンマ――変わるべきか、変わらざるべきか

ここまでみてきたように、不祥事につながる文化もあれば、イノベーションや成長につながる文化もあります。一般論として企業の発展段階を考えたとき、スタート・アップ↓成長↓成長の加速↓成長の鈍化↓停滞↓衰退というサイクルの中で、企業によっては、スタート・アップの段階でつまずく、マイルドな成長が長期間続く、いったん成長が鈍化するが再加速する、長期停滞局面が続く、衰退して消滅（他社による吸収、解散や破綻）などいろいろなパターンが起こり得ます。そして、この過程で、企業文化を変えたり、変わることを余儀なくされることもあります。

第2章で述べたように、イノベーションや成長と企業文化の関係が、結果としての相関なのか、企業文化がプラスに働いたからという因果関係にあるのか（もちろん、イノベーションや成長に影響する要因が多数あることを前提として）、厳密な実証が難しいところに悩ましさがあります。社会科学全般にそうですが、時代環境が変われば、これまで有効であったものもそうでなくなったりします。イノベーションのジレンマと同様、これまで成功し、そこで文化を培ってきた企業が、それがゆえに、新たな文化を持った企業に敗北するというこ

とも考えられます。

また、結果が伴わなければ、文化を変えた、あるいは変わったことが失敗の要因であったといわれることになります。

前述したように、ヒューレット・パッカードについて、創業者の息子と新しいＣＥＯのカーリー・フィオリーナとの間で、法廷闘争を含む熾烈な争いがあり、争点のひとつが、ＨＰウェイと呼ばれる企業文化へのこだわりでした。その後同社は、２０１０年代初頭、パソコン、サーバー、プリンターなどを包括する最大のＩＴ機器メーカーとなりましたが、市場の評価は上がらず時価総額が低迷し、15年、サーバーなど法人向け事業部門と、パソコンやプリンターを扱う２つの公開企業に分割され、かつてのヒューレット・パッカード社は消滅しました（ブランドは存続）。

「フォーブス」誌のリッチ・カールガードによる『グレートカンパニー』（ダイヤモンド社）という本があります。『エクセレント・カンパニー』の著者であるトム・ピーターズが序文を寄せ、１９７０年代末にヒューレット・パッカードを訪問した際の衝撃とともに、優れた経営者が財務諸表よりも大事にしている「ソフトなもの」の重要性に気づかされたことを述べています。さらに、この本の著者のカールガードは、同社と歴代ＣＥＯ（１９９９年にフィオリーナがＣＥＯに就任して以降、15年の会社分割まで6人が就任）が、創業者が築いた文化的価値観を長年にわたって無視した結果、勢いを失った、ＨＰウェイが失われることにより、創造性や有能な人材の保持やブランド価値がなくなったと書いています。

もちろん、企業の盛衰には、様々な要素を考慮する必要があり、コンサルティング会社を経営する高野研一氏は、『カリスマ経営者の名著を読む』（日経文庫）の中で、デービッド・パッカードの『ＨＰウェイ』をくわしく紹介したあと、ＨＰウェイそのものにも、成長の限界をもたらす要因があったとします。すなわち、社員全員を生かすというＨＰウェイがあったことで、業界内の水平分業体制が一般的となったコンピューター事業の変化に十分対応できなかったとします。

いずれにしても、企業の発展段階のいろいろな局面で、経営者は、企業文化を変えるべきか変えざるべきか、ハムレットのような心境になるでしょう（ちなみに、ハムレットの悩みである「生きるべきか死ぬべきか」は、原文の〝To be or not to be〟の訳として適当ではないとの説もあります）。

会社を変えるには――ＩＢＭ語を禁止したガースナー

このままでは衰退する、と誰の目にも見えるような状況になったとき、企業文化の変革が不可避になります。しかし、文化を変えるのは容易ではありません。

前述の『How Google Works』の中で、著者のエリック・シュミットは、企業を立ち上げるときに、どんな文化をつくるか考え、明確にしておくことが重要であるのは、一度できた企業文化を変えることは極端に難しいのが理由と述べています。文化ができると、直ちに人材の選別プロセスが始まるからです。

こうした困難に立ち向かい、見事に成功させたとされるのが、ルイス・ガースナーとジャック・ウェルチです。

ガースナーは、１９８０年代から90年代にかけてコンピューターのダウンサイジングの波に乗り遅れ、業績が急速に悪化したＩＢＭに招聘され、93年にＣＥＯに就任（それまでは食品メーカー・ナビスコのＣＥＯ）、同社をコンピューターの総合サービス事業会社へと変貌させたことで有名です。彼は２００２年の退任に際して、『巨象も踊る』（日本経済新聞社）を執筆し、同書は、長くビジネスパーソンが読むべき1冊に数えられました。

その中で、ガースナーは、危機に際して行ったこととして、第一に、大胆なリストラ（レイオフしないというＩＢＭの伝統に別れを告げる）や資産売却、第二に、新規事業（クライアント・サーバー分野やサービス部門）の拡充と既存事業の見直しによる、事業構造の転換、そして第三に、企業文化の変革を挙げています。

ガースナーは、ＩＢＭの企業文化の特徴とされていた価値観や報酬制度、社内の仕事のペース、福利厚生制度などのかなりの部分は、システム３６０で作られた事業基盤があったからこそ可能であったとしました。

そうした中、顧客を含む外部のことに無関心で、内部の縄張り争いに熱心な内向きの世界が形成されたとします。それは、「長期にわたって外部世界から隔離されてきた熱帯の生態系のようなものであり、その中で近親交配を重ねてきた」と表現しています。成功している組織の文化はそれが形成されたときの環境を反映しており、逆に文化が組織の適応能力を制約するきわめて大きな障害になるというのが、ガースナーの考えです。

そのため、彼はＩＢＭ社員の意識改革という、時間がかかり、かつ成果が直ちに見えにくい問題にとりかかりますが（細かいことでは、大量にあるＩＢＭ語をやめさせることを含め）、一方で彼は、社員がもともと高い資質を持ち、本来創造的であることも理解していました。「IBMの企業文化には計り知れない力があり、悪い部分を取り除き、良い部分を再活性化すれば、無敵の競争力の源泉になる」とし、休みない自己改革を求めました。

退任に際しての社員向けメールの中で、「企業文化は正しい方向に向かっている」とし、そこで用いた「巨象は踊れないとは誰にも言わせない」という言葉が、そのまま本のタイトルにもなっています。

徹底した「選択と集中」――ウェルチの挑戦

一方、ジャック・ウェルチは、ガースナーと対照的に、GEの生え抜きから1981年に同社のCEOに就任、以来20年にわたってトップを務めました。その間、リストラとM&Aの組み合わせにより、大胆に事業構造を転換し、同社はほぼ一貫して増益基調を辿りました（売上高は約5倍、純利益は約8倍。なお、GEは、ダウ平均株価の構成銘柄として、1896年の算出開始以来唯一残っている企業―2017年末時点）。99年にはアメリカの経済誌「フォーチュン」で「20世紀最高の経営者」に選ばれ、「伝説の経営者」とも呼ばれました。

彼の退任後の著作である『ジャック・ウェルチ　わが経営』（日本経済新聞社）や『ウィ

ニング　勝利の経営』（日本経済新聞出版社）も、『巨象も踊る』とならぶ、代表的なビジネス書となっています。

ウェルチは、コングロマリット経営（製造業主体から、金融・放送を含む総合産業へ）に軸足を移す中で、むやみに事業を拡大するのでなく、業界1位か2位でなければいらないという、徹底した「選択と集中」を実行しました。また、「シックスシグマ」と呼ばれる品質改善運動（不良品の発生率を極端に抑える手法。もともとは、モトローラが開発）を導入したことでも知られています。

同時に、企業文化の変化に注力したことも、彼の著作には記されています。彼が問題にしたのは、同社の「官僚主義」であり、『ジャック・ウェルチ　わが経営』には、「GEの文化は過去の産物、指令統制型の構造が機能したときの産物だった。現場にいた経験から、私は本社スタッフのほとんどの人間に、強い偏見をもっていた。いわば『面従腹背』で、表面的には協力的に振る舞いながらその奥底には不信感と敵意が渦巻いているのではと感じていた。『面従腹背』という言葉は官僚的な人間の典型的な行動をよく表しているのではないか」とあります。

彼は、官僚主義を打破し、「学習する文化」を生み出すために、新たな価値観を書いたカードを全社員に持たせます。同書では、「文化は重要だ。きわめて重要だ」との文言のあと、「90年代後半にシリコンバレーで成長した文化によって、GEを汚染したくなかった」という理由で、戦略的には適切と思われたシリコンバレーのハイテク企業を買収するチャンスをあえて見送ったことを明らかにしています。

GEの価値観

社員全員……常に揺るぎない誠実さを貫く。
（以下抜粋）
- 顧客の成功をめざしてひたすら情熱を傾ける。
- シックスシグマ品質を最優先にする。
- あくまで頂点をめざし、官僚主義を排除する。
- 境界のない姿勢で行動する。
- 変化を成長のチャンスだと捉える。
- 「ストレッチ」、感動、気さくな雰囲気そして信頼感が育つような環境を作る。

（出所）『ジャック・ウェルチ　わが経営』（日本経済新聞社）

さて、その後のＩＢＭやＧＥの状況については、どうでしょうか。

ガースナーの後を継いでＣＥＯに就任したのは、サム・パルサミーノ（２００２年）で、その後がバージニア・ロメッティ（２０１２年）です。しかし、同社は、17年7〜9月期まで22四半期連続の減収となりました。クラウド事業での出遅れが響いているとされ、市場ではその成長性に懐疑的です（時価総額は、ビッグ５の数分の１）。

また、ＧＥは、08年のリーマンショックで、当時収益の柱であった金融事業が大打撃を受け、01年にウェルチの後を継いでＣＥＯに就任したジェフ・イメルトは、ウェルチ路線の継承をやめ、金融や放送事業を手放し、産業機器やデジタル事業分野を中心とする製造業に回帰します。その中で、前任者がきらっていたシリコンバレーの文化を積極的に取り入れました。

もっとも、近年の業績は市場の期待を裏切るものとされ、17年に同氏は退任、ジョン・フラナリーが後を継ぎますが、直後の同年10〜12月期は最終赤字に転落しました。

ＩＢＭやＧＥの歴史を振り返るとき、企業文化をときに大きく変える必要性とともに、時代環境に合った経営に俊敏に切り替えることがいかに難しいか、強く認識させられます。

変化は、トップダウンかボトムアップか

ＩＢＭやＧＥの場合、強烈な個性とパワーを持つトップが、企業文化の変革に取り組んだわけですが、一般的に、文化の形成は、トップダウンでなされると考えるべきでしょうか、ボトムアップでなされると考えるべきでしょうか（もちろん、双方向ですが、より影響力が強いという意味で）。

局面にもよりますが、ひとついえるのは、いったん形成された文化を変えるのは、やはり、トップの力（ここでいうトップは、必ずしも会社全体のトップ、すなわちひとりだけではありません。企業内組織にもトップはいます）によるところが大きいということです。このことは、実際に経験した人のみならず、多くの人にとって、直観的にわかることでしょう。

前述した『企業文化が高業績を生む』の著者のひとりであり、リーダーシップ論の大家であるジョン・コッターは、『企業変革力』（日経ＢＰ社）の中で、企業文化と呼ばれるものが、目に見えなくても社員に強い影響を与えることがあり、「文化（またはビジョン）はリーダーシップの領域に属するもの」と定義します。

そして、企業変革の８段階のプロセス（７段階までは、危機意識の醸成→変革を進めるた

めのコア・チームの編成↓ビジョンと戦略の作成↓ビジョンの周知徹底↓社員の自覚を促す↓短期的な成果を示す↓成果を活かしたさらなる変革）の最後として、新しいやり方や価値観を、新しい企業文化として定着させることを挙げています。

コッターが強調するのは、文化の変革は困難なものであり、はじめに「文化の変革」ありきではなく、多くの時間と多数の人材によるリーダーシップの発揮により、最終段階として定着を図るのが有効だということです。逆にいえば、リーダーの仕事であっても、ひとりのリーダーが奮闘努力するだけでは変革はできないということです。

とくに不祥事の再発を防ぐという観点からの変革である場合には、多くの時間とリーダーシップの発揮が必要となります。

さらに、コッターは、最近の著作である『実行する組織』（ダイヤモンド社）の中でも、変革の8段階を取り上げていますが、最終段階として、「継続的な変革が組織文化として根付くようにする」と述べ、変革が一過性のものに止まらないための組織作りを提唱しています（具体的には、彼が「デュアル・システム」と呼ぶ、既存の階層型システムと併走する、ネットワーク構造の構築）。

信長と秀吉のリーダーシップの「型」

リーダーシップの発揮にも種類があり、入山章栄准教授の『ビジネススクールでは学べない世界最先端の経営学』によると、「アメとムチ」を使い分け、まるで部下と取り引きするように部下を引っ張る「トランザクティブ型」と、「啓蒙」を重視する「トランスフォーメーショナル型」に分類されているそうです。

その後者には、①組織のミッションを明確に掲げ、部下の組織に対するロイヤルティを高める、②事業の将来性や魅力を前向きに表現し、部下のモチベーションを高める、③常に新しい視点を持ち込み、部下のやる気を刺激する、④部下の一人ひとりと向き合い、その成長を重視するという資質があるとのこと。

過去の歴史上の人物にたとえるなら、ある時期までの信長は「トランザクティブ型」、同じく秀吉は「トランスフォーメーショナル型」といえそうです（どちらも、後にリーダーというより専制君主の様相を強めていきますが）。ひとりが両方を兼ね備えることも当然あり得るわけで、前述のガースナーやウェルチは、双方のやり方でリーダーシップを発揮しました。コッターが語ったのは、どちらかといえば、「トランスフォーメーショナル型」のプロセスを通じた文化の変革といえます。

では、変革せよ、変革しなければいけないといわれる側の立場になって、もう少し考えてみましょう。

最近、「オーセンティック」という言葉が、組織・人事管理で使われるようになりました。本来、「本物」とか「真正」、「正統派」を意味する言葉で、ファッション業界で使われますが、リーダーのあり方としては、どこまで「役割としての自分」を見せ、どこまで「本来の自分」を見せるのか、という問いにつながります。自分自身も、教員として、生徒に対してどこまで教員としての役割に徹するのか、どこまで本来の自分を見せるのか、迷うことがよくあります。「役割」との葛藤ですから、いかなる場面でも起こり得ます。

教育学の立場から組織やリーダーシップのあり方を研究してきた、ハーバード大学のロバート・キーガンとリサ・ラスコウ・レイヒーによる『なぜ弱さを見せあえる組織が強いのか』（英治出版）は、自分らしさを保ちながら変化し続けるという、2つの自己を統合させる組織を研究したものです。そこでのキーワードは組織文化で、組織文化がほかのビジネス上の目標（収益や品質など）を後押ししているかだけでなく、メンバーが弱さを克服し、成長することを後押ししているかを重視します。

彼らは、このような組織を「発達指向型組織」、Deliberately Development Organization＝DDO）と呼び、ヘッジファンド、映画館、ECサイト運営という、およそビジネス上の共通点がない3社を細かく観察します。当然、各社の価値観や慣行は異なりますが、DDOでは、CEOから新入社員まで、「全員が企業文化の形成に貢献し、いつでも仕事のやり方を改善するために積極的な役割を果たす」ことが求められるとともに、組織が「どの発達段階にいる人に対しても」フィードバックを繰り返しながら支援をします。

同様な視点で、単なる一方的な研修や指導ではなく、より踏み込んだマインドフルな社員との関わりの重要性を指摘する声が聞かれます。

日本経済新聞の西條郁夫編集委員は、「社員の強み重視の文化を」（2018年1月29日付、同紙）の中で、日本人の仕事に対する熱意は低いとの調査結果を紹介し、これが日本企業の労働生産性の低さやイノベーション不足の背景にあるのではと指摘、例えば、部下とよく話し、彼らの「強み」にも着目する上司がいれば、職場の意欲があがるとして、マネジャーの適切な人選や、彼らの技量を高める工夫を企業に求めています。

キーガンたちも、決して「弱み」のみに着目しているわけではなく（原題は“An Everyone Culture”）、個々人の特性に配慮する、そういう意味で、ボトムアップ的要素を重視した文化の形成が、今や必要になっています。

なお、それは、かつて職場で一般的だった、上司が部下を飲み屋に誘うのと同じではないかとの指摘がありそうです。たしかに、そうした面がまったくないとはいえませんが、実質的なサービス残業、対話ではなく上司の一方的な講話、パワハラ・セクハラの温床など、これまでは問題も多く、前述した文化の形成は、目的意識を明確化した上で、スマートなやり方で行うことが求められます。

組織を動かすアルゴリズム

本書では、企業文化を考える上での様々な材料を提供してきましたが、いかがでしょうか。

企業にとって文化は重要であり、だからこそ、現在の企業環境のダイナミックな変化を考えると、「変える」ことが必要になるかもしれません。しかし、筆者の主張は、企業文化を変えることを目的とするのではなく、「企業文化をソフトパワーに変えろ」です。偶然や成功の産物、慣行の積み重ねなどでできあがったり、社内外への宣伝のために作られている形式的な文化ではなく、企業戦略に適い、その実現に資するべく、企業文化を、人材を活性化させ、ハード面のインフラ（システム、プロセス）が有効に機能するための手段に変えるということです。

その意味で、経営学者アルフレッド・チャンドラーの古典的名著『組織は戦略に従う』(ダイヤモンド社 原題は"Strategy and Structure")のタイトルをもじれば、「文化は戦略に従う」と言っていいかもしれません。しかし、単に文化を戦略に合わせるということではなく、文化を戦略と同期させることによって、企業の力を最大限発揮するためのソフトパワーにするというものです。そのために、

①自社の文化を把握する

②必要に応じて、また企業戦略に合わせて変える(その際、将来を見据えた文化の創出が重要)。このためのプロセスを検討し、一定のリーダーシップのもとに実施する。その際、ボトムアップによる提案を重視する

③意識的に文化の定着を図る

④①~③を繰り返す

ことが必要になります。

もちろん、この間、「文化を変える必要なし」との判断もあり得ます。その場合でも、時間を置いて、再びチェックすることが求められます。

この際、「文化は組織とともにあるもので神聖不可侵」とか「文化は容易に変えられない」という固定観念を捨てさってください。「容易に変えられない」とは、私自身、文中でしばしば述べましたが、だからこそ、考え方を変える必要が出てきます。

「アルゴリズム」という、コンピューターの世界でよく使われる用語があります。問題解決のための手順や方法のことですが、企業文化もアルゴリズムとして考えてはどうでしょうか。「文化」と「アルゴリズム」は、本来、住む世界がまったく異なる、むしろ「真逆」の概念ですが（文化は人間の心の問題として、複雑かつ曖昧なものと捉えられています）、企業文化については、経営にとって重要な資源として、より明確なものとし、必要に応じて変えられるものでなければなりません。

結局、時代時代において傑出した企業には、それぞれに特徴ある文化を有し、それゆえに時代の変化に対応できず困難に陥ったとするならば、文化にもアルゴリズム的発想が求められると思います。

読者においては、まず、自社の文化がどのようなものであるか、考えてみてください。そのために参考となるチェックリストを、本書の最後にお示しします。各ポイントは、本書の内容に沿ったものとなっていますので、復習にもなるはずです。

あなたの会社を理解するチェックポイント

これは、あくまで例示です。必要に応じて、この中から抽出して、あるいは付け加えて使ってください。

あなたの会社の企業文化について

- ▼企業文化と思われるものを挙げてください。他の人の結果と比べて、共通なものを探してください。
- ▼挙げた企業文化を善玉菌、悪玉菌に区分してください。
- ▼特定の部署や職種だけの文化が存在しますか。それらは摩擦を起こしていませんか。
- ▼業界文化が存在しますか。それは、社会的に見て妥当なものですか。
- ▼「ウチの会社」という表現が、ひんぱんに使われますか。
- ▼企業文化を、「何々文化」と特徴づけてください。
- ▼企業文化は、生産性をあげる上で役立っていますか。
- ▼企業文化は、コーポレートガバナンス（企業統治）と両立していますか。

- ▼企業文化は、すべてのステークホルダーに配慮するものとなっていますか。
- ▼企業文化は、デジタル革命の時代にも対応できるものですか。
- ▼他社の中に「尊敬できる会社」がありますか。そことは何が違いますか。
- ▼合併や統合により、異なる企業文化が衝突していませんか。
- ▼企業文化は、会社が成長する上で役立っていますか。
- ▼企業文化は、イノベーションを生む上で役立っていますか。
- ▼企業文化は、国際化に対応できるものですか。
- ▼企業文化は、地域の特性に根差すものですか。
- ▼企業文化は、不祥事を生みやすいと感じますか。

あなたの会社の特性について

- ▼あなたの会社のミッションや行動規範を誰もが覚えていますか。
- ▼あなたの会社では、誰もが「経営」や「戦略」を意識していますか。
- ▼あなたの会社は、自主性や創意工夫を重んじますか。
- ▼あなたの会社や職場では、お互いに助け合うことが奨励されていますか。
- ▼あなたの会社には、異端や人材の多様性を受け入れるオープンネスがありますか。

▼あなたの会社には、情熱や「やる気」があると感じられますか。
▼あなたの会社には、変化を良しとする柔軟性がありますか。
▼あなたの会社は、コンプライアンス（法令等遵守）に厳格ですか。
▼どうしてこれだけ世間で騒がれるのかわからないと感じた問題がありましたか。
▼経営陣や上司は、不都合なことから逃げやすいですか。
▼あなたの会社は、上司を見ながら仕事をする体質ですか。
▼あなたの会社は、自由闊達、言いたいことが言えますか。
▼あなたの会社は、「正論」を大事にしますか。「ならぬものはならぬものです」という考えが通用しますか。
▼あなたの会社は、タテ割り主義ですか。部署がタコツボ化していますか。
▼あなたの会社は、前例踏襲、形式主義ですか。
▼経営陣や本部は、現場のことをよく知っていますか。
▼あなたの会社は、心の底から「安全第一」と思っていますか。
▼あなたの会社や職場は、リスク感度が高いですか。
▼あなたの会社では、危機感を共有する土壌がありますか。

▼あなたの会社は、業界横並び主義ですか。
▼あなたの会社は、異業種との「協働」に積極的ですか。
▼あなたの会社は、誠実で信頼ができると思いますか。
▼あなたの会社は、あなたを育てることに熱心ですか。
▼あなたの会社は、あなたのやる気を起こさせることに熱心ですか。
▼あなたの会社では、「自分らしさ」を出せますか。
▼あなたの会社は、「働きがいのある会社」ですか。

最後に

▼あなたは、会社の企業文化を変える必要があると思いますか。

おわりに

数十年前、筆者が子供の頃、「青春とはなんだ」というテレビドラマがありました（たしか白黒でした）。最近亡くなった夏木陽介さんが主演で、恋愛、勉強、スポーツ、喧嘩と、なんでもありの学園ドラマでした。当時の東宝映画のオールスター・キャストが出演し、圧巻でした（しかも、原作は石原慎太郎！）。

しかし、結局、青春とはなんだという問いに対する答えは明確でないままドラマは終わりました。私は、その後青春時代に対する漠然としたあこがれを抱いたまま青春期を迎え、むなしくその時期も過ぎてしまいました（これには、中高一貫の男子校に進学したという筆者の特殊事情が反映している可能性もあります）。

しかし、誰にも間違いなく青春時代はあった（ある）はずです。もしかしたら、企業文化や社風はこれに似ているかもしれません。その存在を否定はできないが、企業文化の本質や、どんな企業文化だったらいいのかについて、自信を持って答えられる人は少ないでしょう。

青春時代（森田公一とトップギャランによる同名のヒット曲もありました）を過ぎた人には、その時代は過去のものかもしれませんが、多くの企業や社員にとっては、「今」が問われています。本書が、企業文化という観点を通じて、ビジネスや組織を考える上での一助になれば、幸いです。

本書を執筆するにあたっては、本書で言及したものを中心に多くの書籍や文献を参考にしました。著者の方々に感謝申し上げます。また、ＧＰＴＷジャパンの岡元利奈子代表やイティム・ジャパンの間瀬陽子さん、ＮＴＴデータ経営研究所の山本謙三取締役会長には、事前に有益なコメントをいただきました。ありがとうございます。

日本経済新聞出版社の野澤靖宏氏には、今回もまた企画段階から大変お世話になりました。御礼申し上げます。

私事ながら、この夏をもって大分の大学を去り、フリーな立場になります。横浜の家族には、長らく待たせました。これからゆっくり、孝行いたします。

植村修一

２０１８年　桜が咲く頃

植村修一　うえむら・しゅういち

大分県立芸術文化短期大学国際総合学科教授。1956年福岡県生まれ。東京大学法学部卒業後、日本銀行入行。調査統計局経済調査課長、大分支店長、金融機構局審議役などを経て退職。民間会社や独立行政法人経済産業研究所に勤務ののち、2013年より現職。おもな著書に『リスク、不確実性、そして想定外』『リスクとの遭遇』『不祥事は、誰が起こすのか』『リスク時代の経営学』『バブルと生きた男』がある。

日経プレミアシリーズ｜372

〝社風〟の正体

二〇一八年五月十日　一刷

著者　植村修一
発行者　金子　豊
発行所　日本経済新聞出版社
https://www.nikkeibook.com/
東京都千代田区大手町一―三―七　〒一〇〇―八〇六六
電話（〇三）三二七〇―〇二五一（代）
装幀　ベターデイズ
組版　マーリンクレイン
印刷・製本　凸版印刷株式会社

ISBN 978-4-532-26372-0　Printed in Japan

日経プレミアシリーズ 334

しくじる会社の法則

高嶋健夫

「社長がメディアで持ち上げられ出すと危険信号」「凋落のシグナルは、バックヤードに現れる」「ビル清掃員やタクシー運転手の評価は鉄板」……30有余年にわたり企業を取材してきたベテランジャーナリストが、豊富な経験から「しくじる会社」と「伸びる会社」を見分ける方法をシンプルに解き明かします。

日経プレミアシリーズ 337

あの会社はこうして潰れた

帝国データバンク情報部 藤森 徹

77億円を集めた人気ファンド、創業400年の老舗菓子店、名医が経営する病院——。あの企業はなぜ破綻したのか？ トップの判断ミス、無謀な投資、同族企業の事業承継失敗、不正、詐欺など、ウラで起きていたことをつぶさに見てきた信用調査マンが明かす。倒産の裏側にはドラマがある！

日経プレミアシリーズ 341

バブル入社組の憂鬱

相原孝夫

バブル期の大量採用世代も、気がつけばアラフィフ。見栄張りで、なぜか楽観的で、やたら暑苦しい彼らは、現在どんな状況にあるのか。社内の評判が悪い理由、バブルvs氷河期の構造、世代特有の強みと弱み……。現実を直視し、今後バブル入社組が生きる道を、自身同世代の人事・組織コンサルタントが多くの事例から考える。